大夏书系 | 与大师同行

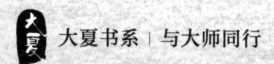

孔子的教师生涯

周勇 / 著

华东师范大学出版社
·上海·

图书在版编目（CIP）数据

孔子的教师生涯／周勇著. —上海：华东师范大学出版社，2025.
— ISBN 978-7-5760-6281-6

I. B222.2

中国国家版本馆 CIP 数据核字第 20255ST618 号

大夏书系 | 与大师同行

孔子的教师生涯

著　　者	周　勇
策划编辑	李永梅
责任编辑	张思扬
责任校对	杨　坤
装帧设计	奇文云海·设计顾问
出版发行	华东师范大学出版社
社　　址	上海市中山北路 3663 号　邮编 200062
网　　址	www.ecnupress.com.cn
电　　话	021-60821666　行政传真 021-62572105
客服电话	021-62865537
邮购电话	021-62869887
地　　址	上海市中山北路 3663 号华东师范大学校内先锋路口
网　　店	http://hdsdcbs.tmall.com/
印 刷 者	北京汇林印务有限公司
开　　本	890×1240　32 开
印　　张	7.5
字　　数	161 千字
版　　次	2025 年 7 月第一版
印　　次	2025 年 7 月第一次
印　　数	3 100
书　　号	ISBN 978-7-5760-6281-6
定　　价	55.00 元

出 版 人　王　焰

（如发现本版图书有印订质量问题，请寄回本社市场部调换或电话 021-62865537 联系）

子在川上曰：「逝者如斯夫，不舍晝夜。」

第四章 在乱世中寻找正道 119

在令其无限压抑憋屈的乱世现实中，孔子并没有因为许多想做的事做不了就躺平放弃，而是仍在做力所能及的事，试图在没有直接纠正行动的情况下，为乱世指明正道，让季康子们明白正道是什么。

第五章 大教育家的终极之问 161

说到底，孔子就是因为想弄清自己教的东西，能否像天道那样经得起千年考验，才有了终极之问与最后诉求。为此，他曾多么希望，老天开口告诉他：你超越了一时之需，教的是世间长久天道。

结语 高歌一曲辞世 197

目录 CONTENTS

导言 从听歌开始 001

第一章 爱学习与做教师 001

学生也懂老师，把老师爱学习，「学而时习之」，放在最前面，为我们走近爱学习且只能做教师的孔子，为我们跟随孔子的学习与教师生涯，探寻其「一生何求」，提供了比任何概念都要贴切的起点。

第二章 为天下太平育人 035

孔子初为人师以来意在追求的便是「为天下太平育人」，包括把贫苦学生培养成既能谋生又能成事的新一代士人君子，替那些本该承担天下太平重任的贵族君子，做好各种基本的治国安民事情，更包括把那些乱来祸害国家百姓的诸侯大夫教育成能让天下太平的真正贵族君子。

第三章 流浪十四年 075

教书匠祖师爷实在没的说，到底是祖师爷，做起流浪教学，也是史无前例，堪称中国教育史上的首次长征：子路、闵子骞、颜渊、冉有、子张、子夏等一群新老学生，让老师坐车上，他们背着刻有诗书的竹简和粮食，奔走在中原大地上，为天下太平继续寻找实践机会。

导言
从听歌开始

本书书名很简单，只是想静下来去探寻：孔子一生到底在追求什么；尤其作为教师，孔子一辈子曾追求什么，最后追求到什么。以下将对为何会去探寻这样的问题，以及怎样走入孔子的教师生涯，从中寻求解答，做一些简单但必要的交代，以进一步明确探寻方法及意义。

一

关于为何会去探寻孔子"一生何求"，原因也很简单，就是以下三点。

首先，许多教师（包括本书作者）觉得，每天都很忙，忙了很多年，甚至忙到了中年，却不知道到底在忙什么。路上偶遇或参加约定聚会时，被人问起最近在忙啥，常常只能回"瞎忙"，说不清在忙啥。不久前，还有机会听到崔允漷教授把教师的这类日常状态，生动形象地概括为："整天忙得要命，没有大观念，big idea，家在哪里，不知道，忙来忙去，都是离家出走。"[1]

其次，孔子作为"教书匠的祖师爷"[2]，也曾有过长期"离家出走"不知所终的迷惘忙碌状况。尤其孔子年近六旬，还在齐、卫、陈、宋等诸侯之间颠沛流离。流离至郑国时，孔子和子贡、颜渊等学生走散了。子贡去找，向郑国人打听。郑国人告诉他，东边城门口，有个人立在那，样子如何如何，描述完了，还加一句"累累若丧家之狗"。

子贡找到老师后，把情况如实讲了一遍。孔子听了非但没骂，反而"欣然笑曰：……谓似丧家之狗，然哉！然哉！"[3]

郑国普通人不明白，孔子究竟为啥忙得犹如丧家之犬。孔子也不知道自己年近六旬，还在四处奔波忙碌，能忙出什么结果来。老子更曾直接告诫孔子，他的一切忙碌都是徒劳，还损耗身心，不利健康。然而，无论外界怎么不理解，或说不对，也不管最终能有何结果，哪怕徒劳，孔子还是会一如既往地忙下去，而且没有今人的"退休"概念。

这就让人好奇了，孔子究竟忙啥呢？尤其孔子一辈子主要是做教师，因此更想跟随他，探寻他在追求什么，并希望能从他那里找到答案，让我们这些做教师的，也能像他那样，即使忙得有如丧家之犬，也能知道除了工资、谋生外，自己到底在忙啥，甚至可以像孔子那样"造次必于是，颠沛必于是"[4]。

---

[1] 出自崔允漷教授 2024 年 4 月 24 日在杨浦教育学院所做的演讲。
[2] 李零：《丧家狗：我读〈论语〉》，中华书局，2022 年，第 15 页。
[3] 司马迁：《史记》，江苏古籍出版社，2002 年，第 422 页。
[4] 杨伯峻：《论语译注》，中华书局，1980 年，第 36 页。

第三点原因是，过去三十年，看到古今许多孔子及《论语》研究著作，多是以太学术化的抽象方式理解孔子，诸如以孔子的话语为原料，生产"道学""理学"，或建构现代的"哲学"体系、各种学科"思想"及"理论"。甚至写孔子传记，目的也是为生产、建构各类学术思想体系，很少像司马迁那样，就写他一生做了什么，有什么得失成败、喜怒哀乐。所以想通过本书，尝试在司马迁的基础上，以丁钢教授本世纪初以来一直提倡的"叙事"方式（而非学理分析建构），追寻孔子的教师生涯，顺着他的行动与喜怒哀乐，探寻他"一生何求"。

二

追随探寻，寻找答案，需要先确立适宜进路。更不能像一般采访，直接问孔子一辈子在追求啥，快不快乐。如此问，会让孔子不知道如何回答。[①]本书认为，适宜进路是从孔子喜欢什么入手。进而言之，孔子忙碌，不知道能有什么结果，迷惘，仍继续忙碌，是缘于他有自己的喜欢甚至热爱。《论语》第一句话便说，孔子喜欢学习，热爱学习，还让他有了学生和朋友。人家不了解他，甚至误会他，心里默念一句"人不知而不愠"，就化解了。

但喜欢学习，还太笼统。喜欢学什么呢？先秦民间流行的武

---

① 就像巴黎奥运会期间，记者问夺冠的全红婵"累不累"，全红婵说："这话问的，谁不累啊？"

功、剑术、贵族子弟必修的礼仪、驾车、射箭等，孔子都学过。但这些还不是孔子最喜欢学的，孔子最喜欢学的是音乐。本书即因这一点，认为把孔子喜欢音乐作为初始视角，从听歌出发，由此先感受一下他的喜欢与热爱，很适合走进孔子四十余年的教师生涯。

很多时候，忙得疲惫到极点，仍没什么结果，孔子还能继续忙下去，就是靠喜欢音乐支撑下去。孔子甚至听到歌声，就来劲。在齐国时，因晏子和几位大夫从中阻隔，未获景公重用，孔子很沮丧。但就在齐国期间，孔子听到了梦寐以求的"韶乐"，便什么都不管，连喜欢吃肉也不吃了，埋头学了三个月，学会了韶乐。然后满意返回鲁国，等待下一轮四处奔波忙碌，一无所获。

除了高贵的韶乐，民间世外闲人唱歌也能让孔子什么都不干，一定前去打探学习一番。如孔子刚流落到卫国，往田野一看，有个老人（即百岁隐士林类）正"拾遗穗于故畦，并歌并进"，便对子贡说"彼叟可与言者，试往讯之"。子贡随即前往，替老师请教："先生曾不悔乎，而行歌拾穗？"问完，子贡又如实报告老师。孔子说他估计得没错，老人家果然值得前去打探学习一番，只是觉得他的音乐造诣还不够。

有意思的是，之后，子贡突然厌学，跟老师请假，"愿有所息"，孔子马上回他"生无所息"，还指着不远处的坟墓说，到死的时候，就可以永远休息了。[①]可见，音乐之于孔子的力量有多大。本来曾感到后悔的，和唱歌的世外高人聊过之后，便不后悔

[①] 列御寇：《列子》，商务印书馆，1937年，第11页。

了，还勉励子贡一起继续奋斗，到死方休，虽然不知道到卫国后，能有何收获。

有的高人了解孔子喜欢听歌，看到孔子从远处拖着疲惫身躯走来，往往会高歌一曲，藉此和孔子过过招，提醒他都老了，不必再忙了。但孔子只图听歌，听完又去忙碌。总之，从孔子喜欢什么，尤其从听歌开始，可以为走进孔子的教师生涯，询问他一生忙碌到底在追求什么，提供适宜进路。只是定好了从孔子喜欢什么（尤其是音乐）入手，还需考虑是不是要启用一些概念工具，以备梳理提炼孔子的解答。

特别是古往今来有很多人曾研究孔子，更需要提前想好，如何对待古往今来那些熟悉的概念，避免被它们遮蔽视野，迷失已定进路，以为把熟悉的概念搬过来，直接解答孔子是什么样的人，追求什么，便可以了。

三

对于本书关心的问题，孔子是什么样的人，忙碌一生在追求什么，古往今来已有大量研究。从诸多代表成果看，往往都是先选一个抽象的大概念，且背后各有目的，然后用大概念把孔子定死，认为孔子一辈子都是这样的人，所追求的就是这个，并因为概念不一样，引发许多争论。

最常见的是以"圣人"界定孔子，一生只为追求"仁道"或"天理"，和老子的道家及后来崛起的佛家均不同。另有的则说，孔子也有道家追求，证据如著名的"吾与点也"。清末以来，又有许多新概念。康有为说孔子是"改革家"，章太炎说孔子仅是"历史家"，没有康有为所说的"改制"野心。这里，表面的观点不同背后，其实是各自政治目的不一致。康有为当初因人微言轻，故想借孔子之名发起"变法"，章太炎则想阻之，他要发起的是和康有为"变法"完全不一样的"革命"。

到胡适登台，则弄出"哲学""哲学家"这些大概念，引发之后傅斯年出来说，先秦诸子均不是"哲学家"，而"是些方术家"，方术之一是"教书"。孔子便是以"教书"作为"职业"的"教书匠"，似乎教书匠不配做"哲学家"。总之，在瞧不起教书匠的傅斯年看来，包括孔子在内的诸子都不是"哲学家"。

傅斯年留欧归来，有自家精英标准，不认同胡适、冯友兰搞什么"中国哲学史"，故特别提醒，诸子言论"在西洋皆不能算作严格意义下之哲学，为什么我们反借来一个不相干的名词，加在些不相干的古代中国人们身上呢？"[1]胡适写完《中国哲学史大纲》上卷后，倒是不写中国哲学史了，他以"思想"代替"哲学"，改为写中国思想史，这样便可避免傅斯年的致命学理质疑。

傅斯年坚持西方哲学标准之余，没去体谅1917年以来大学已设置中国哲学史课程，有教授要靠写中国哲学史生存，或传播哲学提升国人思想。而且在大学新课程制度推动及胡适等人影响下，校园和社会上也开始有崇拜哲学的读者，需要了解中国历史上有

---

[1] 傅斯年：《战国子家叙论》，载《傅斯年全集（第二卷）》，湖南教育出版社，2003年，第254页。

什么哲学。至于傅斯年关心的太学术的问题,即先秦诸子有没有康德、黑格尔那样的西方哲学,读者并非一定也要考虑,或根本考虑不到,读了有"哲学"或"思想"收获便好。

众多大概念中,最可靠的还是"君子""礼乐""仁"等《论语》本身的概念。但仅靠这些概念,仍很抽象,还要将它还原到孔子的喜欢与热爱。包括孔子做教育,备课、进行教学时,也不是仅靠"君子""礼乐""仁"等概念来设计,而是把这些概念涉及的具体人事,以及他对人事的真心关注,注入课程与教学,形成他的教育。他的课程、教学与教育因此能有生命力与感染力,而非抽象苍白的概念说教。

同样,《论语》或《春秋》中的其他类型即消极否定意义的概念,如"小人""斗筲之人""乱臣贼子",也无不包含孔子的厌恶乃至痛恨。诸多新概念建构的哲学史或思想史著作恰恰容易把孔子经历的事情及其引发的情感过滤掉。像胡适,就因看重思想,谈起解读《春秋》的三本经典时,便说"论《春秋》的真意,应该研究公羊传和谷梁传",记事的"左传最没有用"。[①] 是为典型的思想至上。但生产出来的思想又不统一:有的说,孔子有"自由"或"民主思想",有的说没有,最多是"民本思想"。

还有那句著名的孔子晚年自道,"十有五而志于学,……七十而从心所欲,不逾矩",也不必太拘泥于字面本身的概念,把各阶段的孔子定死。如硬说孔子四十岁时便不"困惑"了,然后又是各种解释,又总解释不通,不大会从孔子经历及情感入手,想

---

① 胡适:《中国哲学史大纲》,商务印书馆,1919年,第98页。

这句话可能是孔子晚年高兴时随口自勉之语,并不是吹牛说自己四十岁就悟道了,进而也会不去体谅,孔子晚年实际有更大的困惑,否则怎会去研究"天文"与"天道"。一句话,就方法论而言,正如之前留意孔子喜欢听歌,本书就从孔子的喜欢与热爱入手,顺着他这个人在其教师生涯的遭遇,做过的事和说过的话,以及他的喜怒哀乐,探寻孔子曾为追求什么忙碌一生,忙到如他说的那样,到死方休,甚至离世之前还不忘唱歌,让学生跟着落泪。

四

按上述进路与方法走入孔子的教师生涯,会让对孔子有什么"哲学"或"思想"感兴趣的人失望。好在已经有很多人写过孔子有什么"哲学"或"思想",本书可以只叙述孔子"一生何求"。就此而言,本书担心的反而是,一不留神,清末民初以来的哲学或思想便会对理解孔子"一生何求"造成干扰。

尤其权威学者的哲学或思想,如之前提到的傅斯年,他希望孔子也有西方哲学那样的哲学,结果没有。进而言之,孔子没有傅氏看得上的哲学追求,所以不值得研究。本书作者就曾受影响,认为孔子没什么好研究的。此外,傅斯年还曾有一种现代"疑古"学术思想,认为孔子的言行,以及记录孔子言行的典籍,有许多是汉儒乃至魏晋儒家伪造的。典籍如《孔子家语》,言行则如"删诗"。

典籍如《孔子家语》的伪造问题，不难处理，即便如近代以来许多学者所说，它是三国时王肃写的，而非《论语》那样由孔门弟子及再传弟子靠回忆编成，但不影响从中选择合乎孔子情理的记载，就像参考今人的传记，如钱穆的《孔子传》和李零的《丧家狗：我读〈论语〉》。那本被胡适认为"最没用"的《左传》，更因对孔子周围发生的事情记载最多，所以会被本书列为最基本的参考文献。

至于"诗三百"是不是孔子从三千多首诗歌中删出来的，稍微理一理也没什么问题。傅斯年的学术思想或前提假设是，孔子看不起郑国、卫国一带的民间流行歌曲，既如此，他怎么会把"郑卫桑间"之类的诗歌选入"诗三百"。傅斯年就因这样想而认为，孔子没有"删诗三千以为三百"，删诗的说法"当作汉儒造作之论"。[①]

逻辑上，傅斯年的思想没毛病，加上又是胡适之后的学界新权威，很容易让人相信。但如此一来，孔子教诗时，如何认真备课，便无法研究。孔子多热爱诗教，多认真备课，竟从三千多首诗中挑出十分之一，更会被傅斯年认为是胡扯。但实际上傅斯年的删诗说，正是由现代常见的学术思想造成，即先固定好一些概念或观点，包括孔子歧视"郑卫桑间"，以及汉儒伪造典籍，从而便可抓住"诗三百"里有"郑卫桑间"，推出删诗不是孔子所为，孔子删诗乃汉儒故意说的，以增强其《诗经》说教的权威程度。

但只要跳出傅斯年的学术思想，回到孔子本身，大可以这样

[①] 傅斯年：《〈诗经〉讲义稿》，载《傅斯年全集（第二卷）》，湖南教育出版社，2003年，第141页。

认为，孔子虽然觉得"郑卫桑间"比不上"韶乐"，但放进来也可以让学生了解现实民情，知道哪些是"淫贱之声""亡国之音"，为什么是。如此，也能做出更全面更有力量的诗教，而不是只让学生学韶乐，做温室里的花朵。这样想，孔子"删诗三千以为三百"，便说得通了。也能证明孔子备课的确认真，是真爱诗教，所以忙一点也心甘情愿。这样想，也比卷入傅斯年关心的学术版权考证官司，更有"教师专业发展"意义。

何况对于怎么做好诗教，孔子的确操心，下了很大力气。不然何必老是对学生唠叨："你们这帮小子，为什么不读诗啊？"弄得学生都记住了，把它写进《论语》里。所以最重要的还是顺着孔子的遭遇与言行，而非先设定概念或观点。由此将发现，孔子一会儿说喜欢渴望这个，一会儿又喜欢渴望那个。著名的"子路、曾晳、冉有、公西华侍坐"，言志，孔子感慨"吾与点也"，便发生于孔子七十岁时①，狼狈忙碌了一生，是会想轻松洒脱点，但不必因此扯到孔子有老庄思想，然后想孔子是儒家，怎么能有老庄的喜欢。

于是又只好认为，"吾与点也"不是孔子说的，是汉代的道家传人故意伪造，为了和儒家竞争，硬说连孔子也主张潇洒，超脱尘世。如此，都是用现代学术概念及思想纷争，把经历及内心世界均丰富的孔子定死了，甚至无动于衷到认为孔子忙了一辈子，都不能轻松洒脱一下。何况只是感慨一下梦想而已，感慨完了，孔子马上又得忙，三个被训的学生虽然跑了，但曾晳却留下来想

---

① 黄崇浩:《曾晳言志辩》,《孔子研究》1986年第4期。

多学点，问老师为什么笑话子路他们三个，孔子还得耐心解答。耐心解答完，孔子还得去编没编完的《春秋》。然后又因为担心子路，还要单独找子路聊天。

子路只比孔子小九岁，已年逾六旬，言志时，还是勇猛如初，缺根筋。如此下去，孔子担心这位跟随最久的弟子早晚要出事，所以必须单独找子路聊一聊。一来，说下自己这辈子的失败；二来，提醒弟子不要有勇无谋。这些才是日常真实的教师孔子，而非什么概念塑造的固定机械人。我们也一样，有各种操心的事放不下，忙个不停。所以把操心哪些事理理清楚才是根本。这样想，之前的概念干扰担忧便没有了，就可以安心追随孔子的教师生涯，探寻解答他"一生何求"，并顺着各时期他操心的事，他的喜怒哀乐，体验一下何谓忙得有如丧家之犬，一无所获，也能"造次必于是，颠沛必于是"，临了还高歌一曲。

第一章
爱学习与做教师

打开《论语》，开篇是"学而时习之，不亦说乎？有朋自远方来，不亦乐乎？人不知而不愠，不亦君子乎？"这样的话，放在今天，仍能让喜欢学习的教师或其他人，立即心生共鸣感动。连热爱学习的价值与收获——可以带来真挚的亦师亦友情谊，一起"证学业，析疑义"[1]，也说到心里去了。共鸣感动之余，还会夸赞孔子学生以及学生的学生了不起。老师当年说过哪些话，做过哪些事，记得那么多，那么清楚，所以可以编成《论语》。

关于《论语》何时开编，汉代学者刘向说，"夫子既卒，门人相与辑而论纂"[2]。今人朱维铮则提醒"《论语》的结集，时间可能晚得多，不是在公元前五世纪，而是在公元前二世纪的西汉景、武之际"[3]。意思是孔子去世后两三百年，《论语》才编完。

事实是否如此，无力弄清。但竣工时间越晚，恰恰越能证明

---

[1] 杨树达：《论语疏证》，吉林人民出版社，2013年，第1页。
[2] 班固：《汉书》，中华书局，1962年，第1717页。
[3] 朱维铮：《〈论语〉结集脞说》，《孔子研究》1986年第1期。

孔子做教师，做得让学生刻骨难忘。且不像一些回忆录几乎都为了赞美，《论语》编得很真实，就是真实记录。包括老师的各种失败，被外人嘲笑，被学生顶撞，都记在里面。学生也懂老师，把老师爱学习，"学而时习之"，放在最前面，为我们走近爱学习且只能做教师的孔子，为我们跟随孔子的学习与教师生涯，探寻其"一生何求"，提供了比任何概念都要贴切的起点。

一

学生记得，老师说自己十五岁开始"志于学"，家里条件也不好，"吾少也贱"。这些都很实在，看不到多少非凡天赋。不像他千年之后的大传人朱熹，学生写传记时，说老师上小学之前，就有令人吃惊的"天理"兴趣，影响之大，以至今日的传记，还有纪录片，仍在流传朱熹幼年时的神奇理学天赋：

朱熹五岁的时候，（父亲）朱松指着天告诉他说："这是天啊。"朱熹问："那天的上面又是什么呢？"朱松大为吃惊，一时竟无以回答。①

学生喜欢将朱熹视为上天派来解答天理的圣人，而且朱熹的天理答案来自孔子的仁义，孔子为朱熹建构理学提供了天理源头。

---

① 吕维：《旷世大儒朱熹》，二十一世纪出版社集团，2017年，第30页。

这样写，的确够神奇，难怪有人喜欢书写这种千年学术传承。但就孔子而言，确实看不到儿时有什么惊人天赋，连五岁时的记录都没有。只看到司马迁说，孔子十五岁前，"为儿嬉戏，常陈俎豆，设礼容"[1]，仅是表明孔子少年时，喜欢学祭祀等重要礼仪，即使少年孔子很会打架，也不和那些顽童胡乱打闹。孔子和母亲颜氏在颜家庄生活，孤儿寡母相依为命。孔子有生父，名孔纥（字叔梁，又称叔梁纥），但母亲不是生父明媒正娶，孔家不认，且孔子三岁时，生父便去世。孔子"少孤"[2]，热爱且认真学习礼仪，是他的出路所在。

所以司马迁写孔子少年时"陈俎豆，设礼容"算得上客观描述，却引来元代理学家程复心读到这句话，觉得司马迁所写无法凸显孔子"圣人"天赋，便在"为儿嬉戏"前面加上"六岁"，未超过朱熹，又在"设礼容"后加上"群儿化效，相与揖让，名闻列国"[3]。理学家的崇圣苦心可以理解，但终不如司马迁客观，更不如其崇拜对象孔子本人实在，就说自己十五岁开始爱学习，以求得上升，改变"少贱"与"少孤"。这样说，这样想，没什么丢人的。

因为要上进，十六七岁时，孔子还做了件比爱学习更重要的大事。母亲去世，孔子没有将母亲葬于颜家庄，而是想让母亲与生父合葬一处。生父属于下层贵族，即"士"阶层，生前系孟孙氏"家臣"，在孟孙氏属地陬邑做大夫。如能合葬，便实现了认

---

[1] 司马迁：《史记》，江苏古籍出版社，2002年，第417页。
[2] 孔颖达：《礼记正义》，北京大学出版社，2016年，第169页。
[3] 程复心：《孔子论语年谱》，商务印书馆，1939年，第1页。

第一章　爱学习与做教师

祖归宗，便可升入士阶层。孔子知道生父葬于防山，但那时坟墓"不堆土，不种树，无可辨认"[1]。母亲生前也从未告诉孔子生父墓葬位置，或许母亲也不知道。

具体哪一块地是孔子生父的，只有生父家族人知道。怎么办？孔子怎么才能知道？如李硕所言，少年孔子最终"把母亲的棺材放到了大路'五父之衢'边"。"五父之衢在鲁国很著名，是都城曲阜东郊外的一条大道，常常举行集体政治活动，比较热闹"。[2]"时人见之，谓不知礼"。[3]爱学礼仪的少年孔子并非不知道此举违礼，但他不管，他就是要在众目睽睽下违礼，如此才能引起孔家注意，来收拾局面。

很难还原十几岁的少年是怎么想出这一招的，可谓惊世骇俗。或许就是孔子自己豁出去了，母亲家族出的主意也有可能。无论怎样，结果很好，孔家那边派人来收拾了，"然后往合葬于防"[4]，即曲阜东边的防山。是为孔子做教师前干成的一件大事，孔子，这个在外婆家长大的小孩，自此由颜家的贫农跃进了士阶层。虽然只是名义上的士，并无官方证明，但孔子却可以藉此给自己注入更大的学习动力，因为认祖归宗了，便立即可以和孔门有谱可查的辉煌家族史连接上：六世祖是宋国公室之一，先祖更是被誉为圣人的商朝名臣微子。家族历史如此辉煌，怎能不认真把周礼学好？一般贫寒学子十几岁时，如果也突然经历认祖归宗，发现

---

[1] 钱穆：《孔子传》，生活·读书·新知三联书店，2002年，第6页。
[2] 李硕：《孔子大历史》，上海人民出版社，2019年，第18页。
[3] 孔颖达：《礼记正义》，北京大学出版社，2016年，第169页。
[4] 司马迁：《史记》，江苏古籍出版社，2002年，第417页。

祖宗何等荣耀，大概也会像孔子那样"志于学"。

也许孔子十五岁时，不像颜家庄顽童们那样喜欢胡乱打闹，而是喜欢认真自学祭祖，就是为了等一天可以认祖归宗。或者说，认祖归宗，摆脱贫寒，是其十五岁前后"志于学"的内在动力。有的学者说"志于学"，就是志于道，志于传承文化。如此概括"志于学"的动力或目的，当然不是错的，但终究太急了点，忽视了孔子要到很晚，到流浪途中生命受到威胁，才把传承弘扬周公的西周礼乐文化视为天命，进而认为自己不会死。少年时，孔子没意识到自己的志向就是传道，他还没接触老子提出的"道"概念，或认为自己是上天派到世间来传承弘扬周礼的。像朱熹五岁就思考天上之理的传奇故事，孔子也没有。孔子实在，对学生简单说一下自己当年爱学习，就够了。爱学什么，不用展开说。

二

就学什么而言，少年孔子认祖归宗后，本来可以有不同的专业选择。其生父孔纥一身武艺，是鲁国三大名将之一。孔子得基因遗传，长得高大魁梧，令人吃惊，故喜欢叫他"大个子"。[①] 所以孔子完全可以将武术、军事作为专业，这专业在春秋末期更需要。然而孔子立志主攻的专业却是西周的礼乐文化。礼乐文化曾

[①] 司马迁说："孔子长九尺有六寸，人皆谓之'长人'而异之。"见司马迁：《史记》，江苏古籍出版社，2002年，第417页。

第一章　爱学习与做教师

经无比辉煌，但到孔子十五岁立志时，礼乐文化早已淡出鲁国诸侯和卿大夫的视野，日益被轻视破坏。故孔子立志学的其实是过时专业，学得再好，在鲁国也难以出售，派上用场。

且看主宰鲁国的三桓，势力最大的季氏先不说，后文会有更具体的呈现。单提相对贤良的孟孙氏，族长孟僖子对于曾通行天下的周礼竟然也很生疏，乃至曾发生失礼事件，让自己和鲁国蒙羞。孟僖子在孔子早期人生发展中起过作用，故司马迁叙述完孔子认祖归宗，便让孟僖子（又称孟釐子，僖为谥）出场。司马迁写道：

孔子十七岁，鲁大夫孟釐子病且死，诫其嗣懿子曰：孔子，圣人之后，灭于宋。……吾闻圣人之后，虽不当世，必有达者。今孔丘年少好礼，其达者欤？吾即没，若必师之。①

孟僖子"病且死"之际，之所以要俩儿子一定要跟孔子学礼，正因为刚经历一场让自己和鲁国蒙羞的失礼事件。查《左传》，事件缘于昭公七年，孔子十七岁时，楚王建成"章华台"，邀各诸侯前来参加落成典礼。鲁昭公犹豫再三决定前往，孟僖子陪同。鲁国因是周公嫡系之后，对外号称"礼仪之邦"。但演变至孔子成长时代，早已今非昔比。到鲁昭公、孟僖子赴楚国出席典礼，虽然知道地理路线怎么走，但一路上的礼仪，俩人都不清楚。去之前昭公还知道，要祭祀"道神"引路。途中若遇到招待，怎么回礼，

---

① 司马迁：《史记》，江苏古籍出版社，2002年，第417页。

入楚后又该怎么做，便不知道了，只能临场发挥。

如《左传》所记：

三月，公如楚，郑伯劳于师之梁。孟僖子为介，不能相仪。及楚，不能答郊劳。①

"为介"，指孟僖子担任替鲁昭公回礼的副使，孟僖子正是途中便开始失礼。鲁昭公一行途中要经过郑国，郑伯安排仪式接风慰问，孟僖子作为回礼副使，却"不能相仪"，进入楚国地界后，又不能还礼答谢好楚国安排的出城相迎接风。

仅有的贤良大夫也处理不好诸侯之间请客送礼之类的来往礼仪，可见鲁国的周礼衰败到什么地步，孟僖子或许即因这一失礼事件与羞辱反应，导致身体患病。应该说，孟僖子能为失礼自感耻辱，表明他在三桓中属于确实尚有良知的贤良大夫。换作季氏，则可能不仅不会觉得有什么羞辱，反而设法贿赂讨好楚国，藉此借力为其所用。这是春秋末期大夫们日益流行的一种思维方式，但孟僖子没有这种思维，不仅没有，他还知错能改，到处打听谁擅长周礼，要儿子去学。

目光就这样落到了孔子身上。但这里有个问题，司马迁说孔子十七岁时，孟僖子便遗嘱命儿子拜师学礼，如此一来等于提示，孔子十七岁就开始要收徒做教师了，而且是贵族子弟的老师。不仅如此，司马迁紧接着还特意叙述，孟僖子之子南宫敬叔对鲁君

---

① 杜预：《春秋左传集解（下）》，凤凰出版社，2020年，第629页。

说"请与孔子适周"①,昭公立即同意。孔子随之可以实现到周天子都城去学习正宗周礼文化。然而,对于孔子早期的这两大重要经历,学术界却有不同认识。

  提及前者,一般认为孔子三十岁正式开始收徒做教师。至于"适周",则因司马迁虽然说完孔子十七岁的事便叙述适周,但毕竟没有给出具体时间,导致有好几种和司马迁不一样的年份说法。庄子认为,孔子适周在五十一岁,朱熹认为在三十四岁,还有人把这些说法全部推翻,提出孔子适周是"在四十三岁到四十六岁之间",并提醒一般人看到孟僖子"病且死"时,很容易理解错。"病"其实"不是'生病'的意思",而是孟僖子为自己"使鲁国蒙受了羞辱","感到非常懊恼、悔恨"。"且死"或是《孔子家语》说的"及其将死",也不是"马上死掉了"。按《左传》记载,孟僖子去世是在昭公"二十四年春"。时,孔子三十四岁。查《左传》,记载确实如此。但孟僖子去世后,孔子仍没有马上适周,因为根据《孔子家语》,孔子适周是在"四十三岁以后"。②

  年份非常混乱,均缘于司马迁当初没专门考察孔子适周和开始收徒弟的确切时间。不过结合《史记》《左传》记载,还是可以做些合情合理的推测。首先,孔子十七岁不大可能正式收徒做教师,但因认祖归宗和辉煌家族史赢得了孟僖子关注。其次,司马迁叙述孔子早年经历时,分了三阶段,出生、十七岁和三十岁,写孔子十七岁时,先写被孟僖子关注,接着便是适周,之后是叙

---

① 司马迁:《史记》,江苏古籍出版社,2002年,第417页。
② 邓立军:《孔门悬案之"适周问礼"考》,载《孔庙国子监论丛》2015年刊。

述孔子三十岁之后发生的重要事情,即齐景公来鲁国访问,曾向孔子请教秦国历史问题。这种叙事次序安排,暗示孔子适周是在三十岁前,或可能是二十八九岁的时候。再次便是最重要的一点,司马迁说"孔子自周反于鲁,弟子稍益进焉"[①]。就从这一句看,也可以推测,若是三十岁做教师,适周大有可能在三十岁前,尽管具体年份不明。

还有一点也很重要,即上面要有人促成孔子适周。这件事,只可能由关注孔子的孟孙氏来做。麻烦的地方在于,从当时等级体制看,孟僖子去世前,即使关注过孔子,也不大可能直接与之来往,叮嘱完,到时儿子去拜师即可。俩儿子同样如此,不会提前直接与孔子来往,想援手安排孔子适周进修周礼,也是往上去跟昭公说。

再从当时信息传播机制看,没有像今天的职业记者或业余好事者负责报道,也无电视广播或网络传播方式,位于底层的少年孔子可能都不知道孟僖子因失礼事件觉得蒙羞,甚至连失礼事件也不知道。孟僖子在家叮嘱儿子,到时去拜师学礼,孔子更无法知道。孔子只能在不知道的情况下,等有一天孟僖子之子突然援手,或来拜师。如果孔子能及时知道自己被孟僖子关注,大有可能会立即登门求助。

不知道生父墓葬具体在哪时,孔子能以惊世骇俗的方式达成认祖归宗,便已显示,孔子固然平时看上去平和温顺,但关键时候便能果敢勇猛,同样是其少年本色。公元前532年,孔子还曾

---

① 司马迁:《史记》,江苏古籍出版社,2002年,第418页。

果敢勇猛地做过一件事，也是为自己争取上升。

事情缘于季氏把鲁国分为四块，叔孙氏、孟孙氏各得一块，自己得两块。为庆祝自己把半个鲁国霸占了，季氏宴请鲁国各路大小贵族。急于寻找机会的孔子不请自去，且同样不顾礼仪规定（母丧期间不能赴宴）。结果，被负责验证把关的季氏家臣阳虎拦住，以一句"你还不是士"，将孔子轰了出去。此类羞辱与排斥会让任何人都不好受，且羞耻与排斥还来自同样是打工的人，更难以接受。然而初涉人世寻求上进的孔子并没有因此愤怒仇世，也未自暴自弃。从司马迁的记载看，孔子什么话也没有对阳虎说。大概一腔勇猛突然被阳虎棒喝惊醒，意识到自己实际不是士，孔子只转身离去，继续努力学习，并在不知道自己被孟僖子关注的情况下，靠自己寻找机会。

三

可以说，就热爱学习且只能自学的少年孔子而言，成长到今日高中生年龄时，最大成就便是母亲去世后，自己做主，找到生父墓地，然后以惊世骇俗的方式，终于将母亲与父亲合葬，实现了认祖归宗，有了士阶层名义。

接下来，孔子又有一大成就——结婚。认祖归宗后，孔子去了商朝祖先旧地宋国，试图学习历史文化之余，还在十九岁时娶了宋国亓官氏之女为妻。这事看起来，似乎比认祖归宗容易。就是不知道孔子为何娶宋国女子，没在颜家庄找。或许颜家庄有青梅竹马，但不能在一起，故按鲁国贵族往往与宋联姻的惯例，去宋国找。但结婚后又没定居宋国，而是带妻子回到颜家庄。可惜没有史料，能知道两千多年前有个年轻人十九岁结婚了，就已经不容易。

　　成家，就需立业，尤其马上要养小孩，更必须找工作。那时在鲁国，像孔子这样的年轻人，能找到的最好差事就是去季氏家里打工。也多亏孔子除了喜欢学礼，还因"穷人的孩子早当家"，学过不少打工谋生技能。如其所谓"吾少也贱，故多能鄙事"①。孔子就靠还能做不少"鄙事"，并且也愿意做，在季氏家里找到一份近似会计的"料量平"差事，具体包括向季氏属地老百姓征收粮食，精准登记入库之类的事情。

　　看起来，孔子找工作和结婚一样顺利，一找就成了，竟绕过了管家阳虎。顺利背后，或许有三桓某一次聚会喝酒，孟孙氏看到季氏地盘越来越多，需要人手，便随口向季氏介绍起孔子，说"圣人"后代，知书达礼，做事认真可靠之类的，所以孔子才可以绕过阳虎，直接被季氏录用。但这些仅是推测，缺乏史料。看史料，唯一能肯定的就是，孔子最初竟然是去后来他痛恨的季氏家里上班。命运真是从孔子热爱学习起，便在捉弄孔子。孔子本人也发现了这一点，但那是在饱经沧桑、被命运折磨多次之后，十九岁时无法提前看到被命运捉弄。十九岁结婚时，知道必须打工挣钱养家，就够了。工作有了，且是去势力最大、机会最多的季氏家里上班。第二年，儿子也出生了，取名孔鲤，字伯鱼。

---

① 杨伯峻：《论语译注》，中华书局，1980年，第88页。

看到名字和鱼有关，一直设法抬高孔子的程复心说，鲁昭公得知孔子生儿子，送了鲤鱼祝贺，故名孔鲤。理学家为抬高自己的崇拜对象，习惯不计较实情。从当时等级体制看，孔子生儿子不大可能得到鲁昭公重视。很可能是给季氏，季氏看不上，给了孔子。孔子在对季氏了解不多的情况下，会重视顶头上司季氏送的鱼，也想赢得季氏更多器重，以求能升入鲁国朝堂，为国君干大事，所以很认真把本职工作做好。情况不错，第二年，孔子被季氏派去"畜蕃息"①，负责为季氏管理畜牧，看好粮仓。

学习历史文化，孔子也没有忘记。连赴季氏宴都带上诗书。那还是多亏认祖归宗了，才从父亲家里获得了一些诗书。不然，以孔子原有的贫民出身，只能到处去看，去问礼仪、礼器。孔子想求点学，太不容易，尤其重要仪式均少不了的音乐，孔子还没机会学。导言中提到孔子在齐国终于有机会学韶乐，那是孔子三十五岁时做教师多年才遇到的好事。韶乐歌颂四方山河，表达爱国爱民情感，庄重壮美，恰如今日我们爱听的《我的祖国》。我们想听《我的祖国》，随时可以听到，网上一搜便有。孔子要听韶乐，就太难了。很想学，却缺乏条件和机会。这一点，估计也是孔子异常热爱学习的原因之一，同时可以解释为什么等到他开始做教师时，招到的颜路、子路等首批学生均是贫民子弟，他们只有从孔子那，才能学到可以改变命运的知识文化。

有学者认为，孔子给季氏养牛、看粮仓时，就开始下班后在家做教师了。但在当时私人做教师，是难得看到的大事。如果做

---

① 司马迁：《史记》，江苏古籍出版社，2002年，第417页。

了，司马迁至少会提一下吧。然而司马迁没有提，只说后来孔子又被季氏派去做"司空"。这个名字听起来官挺大，但不是《周礼》中天子手下的司空，而是替季氏"管基建工程"的"小吏"①，相当于季氏家的基建处长。

干得很认真，调岗也调了几次，调来调去仍是孔子所说的"鄙事"，与真正喜欢的礼仪毫无关系，更不可能进入朝堂干大事。碰到这种事，怎么办？辞职的话，便没有经济来源养家。不辞职，在季氏手下认真做司空，即使想改行做教师，也没有精力筹备办学。这是孔子在三十岁办学做教师之前经历的一段进退失据的尴尬时期。且缺乏史料，司马迁只说，孔子出走了，去齐国寻找机会。具体哪一年，为什么去，干什么，司马迁均没讲。

如后文叙述将进一步展开的那样，从《史记》《左传》记载看，合情合理的说法是，任司空以来，孔子想过且认为必须做教师，三十岁前，孔子可能也已开始尝试招学生。但要正式办学专门做教师，至少需要两大条件：一是鲁国内外形势对孔子产生了影响与促动，使孔子不愿继续为季氏效力，即使为养家没法辞职，忍着，也决心以教育为业寻求改变；二是孔子觉得历史文化学得差不多了，心里对周礼有底，能教学生以周礼处理重要事务。而任司空以来，孔子并没有多少机会学好周礼，所以还得一边耐心替季氏管理基建，一边找机会进修周礼。

其他可靠典籍如《论语》，也看不到有说孔子自任司空起，下班后便在家正式办学，故至今仍只好说，孔子三十岁时才开始正

---

① 李硕：《孔子大历史》，上海人民出版社，2019年，第40页。

式收徒做教师。如曾专门给孔子写"简历"的鲍鹏山便是这样写的:"公元前522年(鲁昭公二十年),孔子30岁,这一年也值得大书特书,因为孔子辞去了公务员职位,……做了一件开创历史的大事:创办私学。"① 但这样说,只是界定改行做教师的时间,还需补充合情合理的考虑:既然三十岁时决定改行办学,之前孔子肯定在酝酿,甚至酝酿过程中,对季氏忍无可忍,提前辞职开始改行教学生,也有可能。故还是得回到之前推测的两大条件,即鲁国内外形势以及孔子的历史文化学习与结果。

四

先来看孔子效力季氏以来、三十岁之前的鲁国内外形势,以及对孔子有什么样的影响与促动,理解孔子为何不得不改行做教师。孔子可谓卷入了一个剧变时代,时代剧变也改变了孔子的人生轨道,从而不可能安心在季氏手下做事,平庸度过一生。这是总体而言,十分笼统。细看的话,内外形势得从鲁昭公、三桓尤其季氏说起。

鲁昭公即位是在孔子十一岁时,即公元前541年。昭公既非嫡系,也非长子,是被季武子以违背周礼的方式立为国君,即位后不甘被季武子压制,双方必然发生矛盾。季武子对内压制昭公,对外则掠夺小国,同时贿赂大国卿大夫们,以避免大国诸侯坏其

---

① 鲍鹏山:《孔子如来》,岳麓书社,2015年,第149—150页。

事。季武子立好昭公，便发兵攻打莒国，简直一片乱象。诸侯、卿大夫等局势主宰者，近似没一个能让孔子觉得好。孔子就在这种形势日益恶劣的地方政治环境中成长。他立志要学的周礼在季武子眼里连摆设都谈不上，可以随意践踏破坏。

季武子之后，季平子、季桓子、季康子先后接任执政，本性都如季武子，甚至有过之而无不及。像季平子，嚣张跋扈到与另一大族郈氏斗鸡，输了，竟去强占人家土地。接着又与臧氏交恶。公元前517年，昭公联合郈氏、臧氏发兵除掉季平子。三桓之一，叔孙氏及其家臣见状，一致认为"无季氏，是无叔孙氏也"[1]。孟孙氏那边，同样想继续维持三桓格局。于是三桓合力，昭公兵败逃亡齐国，孔子也跟着一起奔齐。见齐国迟迟不助其回曲阜，昭公又改投奔另一大国晋国。季平子则以重金贿赂晋国六卿，昭公随之被软禁于晋国乾侯，并在孔子四十二岁时，"卒于乾侯"。[2]

昭公死后，季平子继续把周礼扔一边，不仅不准昭公葬入国君墓地，不认他是国君，而且不让昭公之子即位，立昭公之弟即位，是为鲁定公。季平子的这些做法，尤其竟能让鲁国国君在外七年，自己代监国政，国君到死回来也不得安息，令孔子心痛、难以在季氏家里打工之余，也让春秋末期的历史进程转向了以更野蛮的方式进一步消解天子王道周礼体制。在此之前，历史进程只是各路诸侯崛起争霸天下，架空天子王道，到孔子试图登台之际，诸侯下面的卿大夫们也可以像季平子那样，通过诡计、贿赂、

---

[1] 杜预：《春秋左传集解（下）》，凤凰出版社，2020年，第735页。
[2] 司马迁：《史记》，江苏古籍出版社，2002年，第419页。

暴力，或明或暗主宰诸侯君位。难怪儒家到战国时会衍生出法家，主张以最严厉有效的措施增强王权，搁置诗书礼乐，就以耕战、律法与军功等，教育激励士子和全民为王权效力，从而针对彻底乱套的现实，发明了孔子无法想象、史无前例的一套高效新教育机器来。

鲁君失位七年间，和孔子关联甚多的齐国曾尝试助昭公返鲁归位。齐景公发兵鲁国，占领一块地方先让昭公安身，然后安排手下送昭公回都城归位，但季平子贿赂景公手下，手下便设法让景公搁置助昭公回都城。昭公等了两年无果，转赴晋国，结果被软禁。宋、卫、曹等孔子日后流浪之地的诸侯则曾派使者入晋，请晋国放昭公返鲁。诸侯们行动统一，说明这些早已不把周天子和周礼放在眼里的诸侯们，现在已从昭公的悲剧中看到了随时可能降临在自己头上的失位流离危机，故纷纷派使请求让昭公返国归位。但诸侯们的请求和意思，被晋国卿大夫范献子拒绝了。面对诸侯们，晋国的卿大夫和季平子属于同一阵营，他们不会帮诸侯，而是正要取代晋国诸侯实现政治崛起，故日后有三家分晋，晋国及晋侯彻底消失，分解成韩、赵、魏三个新诸侯。

齐国的军事手段，以及宋、卫、曹等国的政治斡旋手段，均无法平息季平子、范献子等卿大夫们的野心，以及由此引发的权力土地纷争，甚至火气较量。孔子则要以西周礼仪文化为核心的教育去应对之，可见孔子将有多难。尤其再看看范献子为季平子辩护说的一段话，更能体会孔子之难。时为公元前515年，范献子对宋、卫等国使者说：

季氏之复，天救之也。休公徒之怒，而启叔孙氏之心。……叔孙氏俱祸之乱，而自同于季氏，天之道也。季氏甚得其民，……有天之赞，民之助。[1]

季氏在范献子眼里成了上天及民心之选，所以可以平息昭公手下的军队（公徒）。孔子看到如此理解上天、民心，会有何反应？史料没有直接记载，但可以发现，孔子在季氏家里上班的过程中，之所以逐渐喜欢说"是可忍也，孰不可忍也"，正是因为看过太多此类让其愤怒、颠倒名实的大夫作乱，进而也就能理解他不做教育便罢，被形势所逼做了之后，总喜欢对学生讲大夫们如何乱来。自己的学生如冉有，后来去为季氏效力，孔子竟要当众将其开除。

相比季氏、范献子，国君昭公在孔子眼里更是糟糕不成器。政治上，昭公想不出办法化解三桓，只寄望于齐、楚、晋、吴等大国提供帮忙，结果被当软柿子捏，在位时几乎每年都要被晋国羞辱，觐见似的跑去访问，到黄河边，晋国便传令让其回去，不用来了。生活上，昭公也违背周礼，包括娶吴国女子，引发陈国这样的小国也来笑话他，笑话鲁国。孔子卷入其中还要替其背锅。昭公所作所为也能对孔子做教师造成影响与促动。孔子做教师后，昭公所为甚至还会让孔子陷入尴尬教学时刻。尴尬就来自昭公娶吴国女子，鲁国与吴国族出同姓，按周礼同姓不婚。昭公不管，自以为聪明，觉得联姻后吴国便会助其化解三桓，不知吴国正和

---

[1] 杜预：《春秋左传集解（下）》，凤凰出版社，2020年，第749页。

楚国打得不可开交，没心思理会鲁国，昭公联姻救国只沦为笑柄。陈国大夫特意就此事，问教周礼的孔子："昭公知礼乎？"孔子曰："知礼。"陈国大夫听完，还去跟孔子学生说：你们老师教人学周礼，教完却为破坏周礼的昭公辩护。学生听完，立即把陈国大夫的风凉话报告老师，弄得孔子很尴尬。好在孔子到底擅长教学，和学生关系也好，马上来一句"我真幸运，一有错误，就有人指出来"，轻松化解突如其来的尴尬。学生听了，视为诚实谦虚的良言，故把它记下来。《论语》随之有了一句："丘也幸，苟有过，人必知之。"①那位陈国大夫显然也没什么出息，负责管理陈国司法，心思却近似放在今天所说的"吃瓜"上，以看人家笑话为乐，还到孔子学生那挑拨离间，基本人样都没有做好，更不要说政治上能努力完善司法，振兴陈国。当然，对孔子而言，最重要的影响与促动还是来自昭公和三桓。昭公不争气，孔子还是要为其辩护。事后看，孔子对鲁国国君的维护，并没有导致他一味提倡忠君教育，而是希望国君能争气，带头走正道。

  包括像下文将要追踪的那样，孔子突破国君，视线升到国君之上的天子时，仍是主张天子要走正道。不像汉代以来的许多后辈儒家，常常更看重，甚至只想着，为天子教育老百姓忠君。像孔子那样的反而不多，有的话便成了凛然"大儒"。如董仲舒教导汉武帝和刘姓藩国之王，为此，他还把天意、天谴、阴阳五行等搬出来，增强其对上教育的威慑力，让可以乱来的帝王形成不敢乱来的终极敬畏心。

---

① 杨伯峻：《论语译注》，中华书局，1980年，第74页。

扯远了，继续体会孔子做教师前，曾受什么样的鲁国内外形势影响与促动，理解孔子为何被形势逼得没办法不去做教师。就国君这类人而言，除了鲁昭公，对于隔壁齐国国君即齐景公，孔子做教师前也能有所了解。公元前548年，孔子四岁时，齐景公即位，力图复兴桓公霸业。到公元前517年，昭公兵败，齐景公发兵支援，以为能出面搞定让昭公归位，也是为提升自己在各诸侯国心目中的声望，但季平子一招贿赂，便让景公功亏一篑。平日不复兴霸业时，景公便沉迷于敛财与声色犬马，奢侈到无视丧失民心。景公的夸张政治军事及日常生活，孔子均有耳闻目睹，其在孔子的教学世界中获得的最终评价是"齐景公有马千驷，死之日，民无德而称焉"[1]，口碑还不如尚能博得同情的昭公，尽管有一点明显比昭公占优，即身边有晏子尽心辅佐，昭公身边则是季氏这样的猛虎，孔子想去辅佐教导，却因位卑人微没有机会。

做教师后，孔子曾有机会为景公效力，但被晏子阻止。很遗憾，孔子与晏子没能联手，尽管二人对景公的评价其实很一致。晏子也曾批评，仅修宫殿，景公就恶贯满盈，寒冬仍逼迫老百姓加班，扛不住的只能累死、冻死在工地。《晏子春秋》记载："景公使国人起大台之役，岁寒不已，冻馁之者乡有焉"，晏子以歌谏景公。[2] 声色犬马，景公同样能做得匪夷所思，令人发指，也多亏有晏子经常规劝，不然无法想象景公折腾出什么样。晏子因此虽

---

[1] 杨伯峻:《论语译注》，中华书局，1980年，第178页。
[2] 晏子:《晏子春秋》，岳麓书社，2021年，第55页。

然曾阻止孔子，但仍能获得孔子的好感。司马迁同样曾批判景公，表彰晏子，说"景公好治公室，聚狗马，奢侈，赋厚重刑，故晏子以此谏之"①。

楚灵王是另一位必须提的国君，其结局和齐景公差不多，穷奢极欲、喜欢造宫殿和乱打仗的楚灵王最后"死于干溪，而民不与君归"②。诸侯个个不堪，卿大夫们上行下效，且要取而代之。国君、卿大夫这些孔子世界里的主宰者，表现就这样。必须再提一下的是卿大夫下面的家臣们，上梁不正下梁歪，卿大夫要取代诸侯，家臣们也想取代他们，甚至和主人争夺诸侯之位，尽管位居下层的他们未能彻底冲破贵族敬畏，吼不出后辈陈胜那句力抵千钧的"王侯将相宁有种乎"。家臣们的出格代表正是孔子年少时便遭遇的阳虎。

单论策略能力，阳虎可谓比季氏还厉害。孔子二十岁时，即公元前532年，阳虎便在做季氏家臣，做到公元前505年，季平子死，季桓子继任，阳虎还在季氏做家臣。二十七年间，阳虎积累了多大力量，如何积累的，这里无法弄清，只知道积累结果惊人。季桓子上台以来，阳虎居然"能以家臣身份，掌握鲁国的大权"，还"曾囚禁季桓子及公父文伯，逐仲梁怀，杀公何藐"。"当时季孙氏和孟孙氏皆为阳虎所控制，可知阳虎非有出人的才干，是不能做出这些事情来的。"③阳虎有些观念和孔子很像。他看到季氏嚣张跋扈，却比周公还富，老实如孔子者，却怎么也富

---

① 司马迁：《史记》，江苏古籍出版社，2002年，第263页。
② 晏子：《晏子春秋》，岳麓书社，2021年，第58页。
③ 郭克煜等：《孔子与阳虎》，《学术月刊》1981年第11期。

不起来，曾以"为富不仁矣，为仁不富矣"概括鲁国混乱的现实，故其工作策略是"主贤明，则悉心以事之；不肖，则饰奸而试之"①。阳虎话里的价值观可谓和孔子认可的一样，只不过，孔子不认同阳虎的凶狠与隐忍做法。阳虎面对季氏这样的为富不仁者，能"饰奸"十年如一日，直到可以"试之"。令阳虎无奈的是，当鲁国上百年积累的三桓贵族势力合起来对付他，终究能大过他从下层积累的近三十年新势力。阳虎兵败逃亡齐国，后又投奔晋国新贵赵简子。理想实现不了，落得四处流浪，这一点阳虎和孔子也像。

　　现实中，阳虎也是孔子绕不过去的人。除当初季氏宴会上的一面之缘，二人做同事后也有交往。阳虎曾主动带一头猪做礼物，上门请孔子做官。二人在富与仁之类的具体价值观问题上虽有共鸣，但孔子终因大理想不同于阳虎，无法接受阳虎邀请。孔子的大理想是实现西周的天子王道礼乐体制，而不是阳虎那样带领底层新兴势力革卿大夫和诸侯之命。拒绝合作之余，孔子又因深知来而不往非礼也，所以必须回礼，于是趁阳虎不在家把礼送过去。没想到回来的路上遇到阳虎，阳虎立即对孔子说了一番话，既有责备孔子，又带恳请孔子，大意是说：孔子你有才华却听任国家混乱，可谓仁乎？想参与政事却屡屡失去机会，可谓智乎？责备完，阳虎感叹"日月逝矣，岁不我与"。听完阳虎感叹，孔子回了一句："诺，吾将仕矣。"②然而孔子终因大理想不同，没有为阳虎

---

① 韩非：《韩非子》，辽宁教育出版社，1997年，第112页。
② 杨伯峻：《论语译注》，中华书局，1980年，第180页。

出仕。孔子遭遇的鲁国内外形势至此也可以暂告收尾,到阳虎出场,哪些内外形势,哪些人与事,可以对孔子被迫改行做教师起到影响与促动,大体都考察过了。可以看出,尽管孔子和其中的诸侯、卿大夫乃至新崛起的家臣都有来往,但孔子不会认同其中任何一方的思想与行动。即使阳虎代表的是下层新兴势力的利益诉求,同属下层的孔子也不认可。

在孔子看来,阳虎做的事是"犯上作乱",正如他认为齐景公胡乱奢侈折腾的结局必然是"民无德而称",季氏、范献子等则是"乱臣贼子"。孔子看过上下里外形势乱象之后,渴望的是一种从国君、卿大夫到家臣们都无法接受甚至不知道的新局面。与之相对应,孔子被迫改行做教师,要追求的也是国君、卿大夫、家臣们均不知道的新局面。他的新局面追求不是天生形成,也非十五岁志于学,马上就知道了,而是之后成长过程中学习摸索出来的。现实形势遭遇是孔子学习摸索的一个方面,另一方面便是学习历史文化,以及由此产生的对于现实形势的进一步思考。

五

看过上述孔子遭遇的现实形势,或许会觉得孔子其实什么都不要学,学了也没用,现实太乱了。尤其白天还要在季氏那上班,上了很多年后还会像阳虎那样,发现季氏是典型的为富不仁,更容易沮丧,进而更不愿去学。然而孔子即使发现季氏不仁,也想学。虽说相比阳虎能忍中"饰奸"二三十年,孔子的忍耐在时间上明显逊色——孔子或只有不到十年，但在难度方面，孔子忍完上班，还要设法把历史文化学好，并不比阳虎忍中"饰奸"二三十年低到哪里去。客观说法应是，二人作为季氏手下同事，都没有因认为季氏不仁便沮丧放弃，而是按各自的忍耐方式与努力方向，寻求改变。

由于主角不是阳虎，尽管他的仁富价值观是怎么形成的，其实值得研究（说不定是跟孔子学的），但还是只能追踪孔子做教师前的历史文化学习与结果。于是要从适周开始，且搁置具体年份争论，就按司马迁将适周置于孔子三十岁之前叙述，合情合理推测，孔子三十岁正式做教师前，可能是孟孙氏背后提携了孔子。且看司马迁的重要叙述：

鲁南宫敬叔言鲁君曰："请与孔子适周。"鲁君与之一乘车，两马，一竖子俱，适周问礼。[①]

南宫敬叔便是孟僖子之子，是他在孔子三十岁前，在孔子可能不知道的情况下，有一天突然去跟昭公说让孔子适周，昭公同意了。这件事对孔子来说太重要了，车、马、竖子，这些都是贵族才有的合法身份证明，昭公将其赐予孔子，等于让孔子终于成为鲁国认可的名副其实的最低贵族即士阶层一员，适周也成了鲁国公务。虽然鲁使的职位与差事是临时的，结束便没了，但车、马等身份证明不会被没收回去，孔子走到哪，都是真正的士了。

---

① 司马迁:《史记》，江苏古籍出版社，2002年，第417—418页。

只是司马迁叙述完,没提及孔子心情,仅提示孔子适周后,想见的人可能是老子,即所谓"盖见老子云"。然后便是孔子"辞去,而老子送之曰……"适周期间,以及到周王室洛阳后,孔子学了什么,司马迁只字不提,好像孔子好不容易适一趟周,唯一有意义的就是见到了老子,听老子叮嘱回到鲁国后,不要"聪明深察""好议人""博辩广大""发人之恶",这些都会让自己"近于死者"。老子到底是高人,对于当时世间有些什么样的人,什么样的事,一清二楚,和孔子稍接触便知道他志气猛。然而事后看,孔子并未按老子所说的去做,碰到忍无可忍,必须深察、议人、发人之恶时,他仍会公开坦然去做。

给老子作传时,司马迁如何写孔子适周见老子,以及老子对孔子说了什么呢?对此,鲍鹏山曾有过专门梳理,大意是说孔子先谈自己的想法,然后被老子否定,接着和最后便都是孔子听老子"教导",其中最重要的教导和司马迁之前写的一样,不要"太锋芒毕露","意气风发"之余,还要能"理性冷静"。"后来,孔子骨子里的从容淡定",便是"受老子的启发"。[①] 鲍鹏山看重孔子从老子那学到了"从容淡定",这确是一大收获。还可以补充的是,学术界认为,"道"是老子首先提出的,史实是否如此,搞不清楚,这里要说的是孔子从老子学过道。鲍鹏山也留意指出,跟老子学过后,孔子喜欢对学生说,"天下有道则见,无道则隐""邦有道则仕"等。[②] 只是鲍鹏山提过后,便转而认为最重要的收获是

[①] 鲍鹏山:《孔子传》,中国青年出版社,2013年,第64—65页。
[②] 同上,第62页。

学到了理性冷静和从容淡定。不过，这里却想说，孔子曾从老子学过道，值得特别留意。

道，尤其老子的道，意思十分复杂。甚至孔子也和我们一样，听得云里雾里，搞不清楚到底是什么，孔子只好将老子视为"龙"。但孔子喜欢"道"这个词，意思和路差不多，却比路高一档次，所以很喜欢，以至形成口头禅，除了"天下有道""天下无道""邦有道""邦无道"之类的，还有那句拂袖而去时用的"道不同，不相为谋"，飙出来，比"路不同，不相为谋"有气势多了。总之，孔子不虚此行，见到了传说中的老子，虽然被批评得厉害，想法几乎都被老子否定，但至少学到了当时最高级的词——"道"，尽管对其复杂高级内涵，孔子一时搞不清，只会简单运用它来表达自己的单纯立场与道路选择。

不过到晚年，孔子有了自己的天人之问，对于道也形成了自己的高级内涵理解。当然这是后话，此刻该说的是，除了见老子，孔子适周更主要的是学习周礼。相比老子的道，周礼才是孔子更喜欢的。只是如《汉书》中所谓，到孔子时，"周室衰微，典籍残缺""周室俱坏，乐尤微渺"[1]，许多和礼相配的乐，尤其韶乐，更是不见影踪。孔子大概只能在王室周边四处寻找西周礼乐痕迹，具体能收获多少，无法判断，但肯定比他从生父家里获得的多，就是上古即夏商及尧舜禹时代的文献，即使到了周王室，也看不到，孔子能看到的就是西周礼乐文献。夏商及尧舜禹，也只能靠西周文献来了解。此外，礼乐从形式到精神，悟性非凡的孔子也

---

[1] 班固：《汉书》，中华书局，1962年，第1715页。

能准确把握。特别是礼乐的精神，或礼乐一体表达的能让人感受到的和谐美好，乃至什么样的人能做出和谐美好的礼乐，孔子均有深刻领悟。所谓礼乐本质精神，即是指和谐美好的政治秩序、社会交往与个体人生，都由礼乐来达成。

今人对于礼乐一体的精神，也能有深刻感受。顾颉刚便曾从礼的和谐美好本义入手，指出周朝时，"礼，本是送玉给人"，而且"礼与乐是配合的。人们见了王，见了诸侯，见了大夫，见了朋友都要行礼，唱诗歌，所以那时人们都善于歌唱"。[1] 这些便是说礼乐一体，意在寻求和谐美好的政治秩序与社会交往。孔子对于礼乐一体，以及它的和谐美好精神与现实价值，感受同样深刻。甚至就因孔子的学习与深度概括，后世才有人能理解礼乐一体及其和谐美好精神与现实价值，不至于只是会模拟表演礼乐的外在样子。孔子的礼乐概括散布在《论语》《礼记》等典籍里，连他的学生都能深刻领悟，如说"礼之用，和为贵。先王之道，斯为美"[2]"乐者，天地之和也；礼者，天地之序也"[3]。

只是不知道，孔子适周具体能找到哪些历史文化遗产。或许晚年时突然喜欢研读的《周易》，正是这适周期间找到的。从后续情况看，除西周历史文化，其他诸侯的来往文献，孔子大概也曾尽力去搜阅。不然，日后齐景公来访，他有资格陪同时，怎能回答好齐景公的秦国历史提问。这一点，即孔子还尽力查阅学习礼乐制度以外的历史文献，比如诗书，尤其重要。正是在查阅这些

---

[1] 顾颉刚：《中国史入门》，中国青年出版社，1983年，第22页。
[2] 杨伯峻：《论语译注》，中华书局，1980年，第8页。
[3] 陈戍国：《礼记校注》，岳麓书社，2004年，第276页。

文献的过程中，认为现实中没有人值得崇拜的孔子发现了周公。或许考求西周礼乐制度文献时，孔子就已崇拜周公，看到诗书里的记载，更崇拜了。

要知道，周公可是鲁国诸侯的先祖，昭公乃是周公的后人，看看昭公，再看看周公，真是让孔子欲哭无泪，变成什么样了。所以他回去做教育会竭力宣传周公，还到处说自己最崇拜周公，睡觉梦见的也是周公。发现周公，看到鲁国当初曾有的和谐美好感人局面，也为孔子晚年在其教师生涯第三阶段，专门编修《春秋》，看看自他能查阅到的隐公起，先后有些什么样的"公"在治理鲁国，埋下了伏笔。

发现周公之余，孔子还从诗书中看到了尧、舜、禹、汤、文、武等天子，视野瞬间从诸侯国君，上升至天下和天子。由此，孔子更会对他的眼前人，即鲁、齐、楚、晋等国的诸侯、卿大夫们，感到失望，乃至直接要骂，都是些什么人啊，只知道各种乱来，祸害天下百姓。做教师后，学生问孔子："今之从政者何如？"孔子就曾马上不屑："噫！斗筲之人，何足算也？"[1] 完全不怕传出去，得罪人。适周时老子的收敛教导，也抛掷脑后。只要学生来问眼前那些人，该骂就骂。

老子、礼乐、尧、舜、禹、汤、文、武、周公，孔子靠自己努力，学了不少平民子弟不可能学到、贵族子弟不愿意学的历史文化。然而他做教师后，却时不时说"吾有知乎哉？无知也"，也像是在骂那些眼前人只知道各种乱来。那现实中有没有孔子欣赏

---

[1] 杨伯峻：《论语译注》，中华书局，1980年，第140页。

的人呢？有，他便是郑国的子产。子产比孔子大几岁，曾以其杰出仁政作为，被誉为郑国的"救时之相"，使郑国得以在大国包夹中获得安定与发展。司马迁写郑国诸侯史时，也不忘指出子产"为人仁，爱人，事君忠厚"，还特别提及子产与孔子关系甚好，说"孔子尝过郑，与子产如兄弟"。公元前522年，子产去世，孔子闻之，也曾为子产"泣曰：古之遗爱"①，意思近乎认为，子产是当时难得仅有的古之贤者。

子产公元前522年去世，孔子三十岁，表明孔子在做教师前，便已知道子产，且和子产有直接交往，视之为兄长。晚年编《春秋》，也不忘大书特书子产。除了子产，现实中孔子曾有好感的人物还有晏子。不过，孔子真正欣赏的还是子产。孔子做教师后，子产，还有适周以来发现的尧、舜、禹、汤、文、武、周公等杰出历史人物，都将出现在孔子的教育教学内容中，成为学生以及他本人的学习榜样。可以说，尽管礼乐和其他历史文化学了之后，曾让孔子对现实中的各色人等更加失望，但也让孔子看到现实并非毫无希望，仍有子产这样的仁人贤者，在竭力纠正日益野蛮荒诞的春秋历史进程。孔子也能从子产那获得前进动力。

以历史文化学习中的杰出人物作为标准，在一无是处的春秋末期现实中，找到子产这样的人作为活生生的榜样，从而可以在礼乐、政事、为人等政治与人生的重要方面，达成古今贯通，这样的功底足可以让孔子去做教师了。由此想起，林语堂曾在《论孔子的幽默》中以白话风趣地描写孔子讲过这样的话：

---

① 司马迁:《史记》，江苏古籍出版社，2002年，第368页。

我总应该找个差事做。吾岂能像一个墙上葫芦，挂着不吃饭。……出卖啊！出卖啊！我等着有人来买我。①

林语堂喜欢《论语》，1932年，还曾以"论语"为名创办杂志。其风趣描写的历史根据是，孔子的确说过："沽之哉，沽之哉！我待贾者也。"② 这话是孔子对子贡说的，且是在五十岁左右。其时，另一位季氏家臣公山不狃崛起，要诛杀季氏，拉孔子去。孔子想去，但被子路阻止，故有感而发说要把自己卖出去，也有老父亲被学生儿子管住似的得意牢骚（知道子路阻止，是担心被对方害）——教到老了，竟做不了主了，不像三十岁那会儿，想做什么，就做什么，既没有学生阻止他，也不需要把自己出售给谁，就单干，自主创业。

三十而立以来，改行做教师，是孔子完全自己做主，自己创业，不再继续在季氏家耗掉自己。尽管具体何时辞职，季氏什么反应，阳虎有没有劝他再忍一忍，都搞不清楚，很清楚的是孔子自己做主。即便其中有被现实形势逼迫的一面，但孔子辞职做教师，却是自己主动决定的。此外，还需留意的便是，适周之行带来的历史文化功底与人物激励，在孔子改行做教师的决策中也很关键。进而言之，如果不是一直爱学习，走近周公等，孔子可能不会做教师，或许就和阳虎一起努力，做春秋乱世枭雄了。

至此，该确认一下，孔子三十岁时确实有了学生，已在做教

---

① 纪秀荣：《林语堂散文选集》，百花文艺出版社，1987年，第212页。
② 杨伯峻：《论语译注》，中华书局，1980年，第91页。

师。查《左传》，可清楚看到，昭公二十年，即孔子三十岁时，琴张得知，卫国发生齐豹等人造反，宗鲁死了，要去吊唁。琴张正是孔子学生，孔子拦住他，不准他去，还训斥琴张："齐豹之盗，而孟絷之贼，女何吊焉？"意思是说，齐豹、孟絷之所以变成叛贼，都是宗鲁害的，宗鲁不是什么好人，你干吗去吊唁他？然后孔子又因宗鲁效力公孟，公孟更不是好人，讲了一连串的话："君子不食奸，不受乱，不为利疚之回，……"① 如此训斥学生，不仅可以肯定，孔子已从季氏那辞职，也不用和阳虎做同事，而且因很有心得教训，故能讲出一大堆话，叮嘱琴张将来找工作，定先看老板人好不好，交友也要慎重。有趣的是，二十年后，季氏另一家臣公山不狃崛起，拉孔子入伙，孔子急得，不管公山不狃人好不好，只想去加入。好在学生子路立即出来阻止，子路知道公山不狃不是好人。

但那是二十年之后的遭遇，三十岁时，孔子只想改行做教师，可以教导学生，找工作交友时，必须慎重。爱学习的好习惯，孔子也没丢掉，反而因为要教学生学，学得更带劲，还得意地弄出一句"教学相长"来——尽管刚开始时主要是自我激励，学生并不好学。也因为不停地学，孔子的教育创业不但能吸引越来越多的学生，学术等级也能越来越高。到晚年，学的教的内容，竟是终极之问：面对上古以来至春秋，一会儿这样一会儿那样的千年历史演变，追问天道到底是什么。这么一来，到底又是什么样的经历促使晚年孔子去学、去教这种天大的问题，就值得追踪一番

---

① 杜预：《春秋左传集解（下）》，凤凰出版社，2020年，第704页。

了。当然，孔子的教师生涯中也有不变之处。从本书的起点视角即孔子的喜爱看，最值得留意的不变就是音乐。任何时候，孔子都是一听到音乐，就来劲。连唱的不好的，也会跑去听一下。还有那些民间流行情歌，也主张可以让学生听一下。接下来也将看到，孔子设计自己的教育内容或课程体系时，还把音乐作为最高文化课。

第二章
为天下太平育人

正式做教师了，孔子需要改变的不仅仅是行业，更包括日常言行举止。鲁国没有什么师德规范供孔子遵守，孔子只能自己琢磨。他适过周后，知道自己的一口方言肯定得改，改成陕西话为基础的西周"雅音"。衣着也要重视起来，否则无法教学生"君子正其衣冠"。所谓正衣冠，不是穿戴华丽，像孔雀那样，而是要让人"望而畏之"，但也不能太猛，要"威而不猛"。① 猛是孔子本性，穿得文气点，收敛一下猛，不难。但多数学生连"威"都没有，穿衣也是随便穿的。如此一来，何以把握"威而不猛"？为这个很小但孔子兴起觉得很大的教育问题，孔子还到外面找穿衣随便的人做案例，带学生去看他怎么教人家穿衣。孔子正好认识一个人，也开始办学了，叫子桑伯子。孔子认为子桑伯子穿衣太随意，"其质美而无文"，白白浪费好气质，于是带学生去看他怎么对子

---

① 孔子的完整原话为："正其衣冠，尊其瞻视，俨然人望而畏之，斯不亦威而不猛乎？"见杨伯峻：《论语译注》，中华书局，1980年，第210页。

第二章　为天下太平育人　　037

桑伯子"说而文之",教他穿衣法,让他"威"起来,且"威而不猛"。

等孔子离去后,子桑伯子的学生不高兴,问老师"何为见孔子",子桑伯子说孔子"其质美而文繁,吾欲说而去其文"。[1] 孔子兴冲冲去时,肯定想不到会被人反将一军,边上还有自己的学生看着。如此天真逗能,大概就是孔子初为人师的样子,只顾发挥自己的天真与热情。一时兴起了,竟然还要跑到人家学校去,去教人家学校的校长。像这样好为人师、"诲人不倦",一般人都想象不出来。孔子之所以非同一般,除了天真与热情,还因为鲁国当时没什么约束,初为人师的孔子可以尽情发挥,只要觉得对就去做。

孔子周围那些活跃的人,同样如此,都是些没什么约束的人,有周礼,也跟没有一样。前一章已描述过,孔子周围的诸侯、卿大夫和家臣,做什么都是"草台班子"似的乱来,把国家祸害得不成样子,老百姓跟着受苦。老百姓子弟上学,这些人也不考虑。从这一点看,孔子改行做教师,干了大好事,让老百姓子弟有地方上学。想到这一点,孔子更乐呵呵,忙个不停。那初为人师的孔子为什么忙,求什么呢?以下就从这个问题入手展开追踪与叙述。

---

[1] 王锳等:《说苑全译》,贵州人民出版社,1992年,第851页。

一

　　解答孔子初为人师的追求时，很容易拔高，直接认为孔子是为了培养"君子""仁人志士"什么的，还强调孔子主张"君子不器"，不教"稼穑"之类的生产劳动。这些概念组成的说法都对，但会像前一章说的，容易把孔子一生定死，忽视孔子实际是活生生的人，一时兴起，便能生出概念框不死的言行变化。

　　即如教穿衣，孔子起初认为子桑伯子穿的太简易。到后来，孔子知道子桑伯子穿衣简易的表象背后，是因为推崇道家，孔子的穿衣看法就不一样了。之后，学生冉雍来问子桑伯子怎么样，孔子便如实说"他简单得好"，而且已经和子桑伯子成了朋友，所以说完，孔子不会愤怒来句"道不同不相为谋"。冉雍为何来问子桑伯子，孔子也了解了，冉雍和其他学生都是穷人家的孩子，对老师教他们穿衣应如何如何，感到厌烦，再说也穿不起。冉雍像是来投诉的，听到老师说子桑伯子"简单得好"，马上补一句："居敬而行简，以临其民，不亦可乎？"穿衣之类的行事，简单点，心里恭敬认真对待"临其民"，或像杨伯峻翻译的那样，"识大体，不繁琐"，如此"治理百姓，不也可以吗？"孔子像是意识到了当初的繁琐，当学生面回了一句"雍的话是对的"。[①] 穿衣简单点，不用着装统一，看起来不够威风，也没事，将来能多为老

[①] 杨伯峻等：《论语》，岳麓书社，2000年，第47页。

百姓认真做事，就够了。

更大的例子第五章将会展开，孔子晚年一时兴起，跟学生说自己五十岁"知天命"，但说完，孔子便因晚年喜欢读《周易》，占卜去了。结果有一次占得贲卦，意味着当初并未真正知天命。孔子一阵叹息，甚至对自己的诗书礼乐文教体系产生了怀疑，觉得它们不是天道。天道是春天来了必须播种，夏天必须防旱防洪，总之天下必从。他发明的诗书礼乐文教是"人文"，不是"天文"，不是天道，所以"天下不从"。孔子因此一时迷惘，不知道该学什么，该做什么教育，传播什么样的正道。

很多时候，孔子都和我们一样，一时兴起会说点什么，做点什么。说过做过之后，又可能迷惘，然后再想怎么办。所以不能急于用一个概念把孔子框住，正如我们也不知道哪个词最适合用来把自己框定，让我们一下子明白自己到底是什么样的人，正在追求什么。能大致认为自己是个"好人"，对家国、朋友、学生都有一片好心，就不错了。

就孔子最初的教师生涯来说，除了不能直接简单认为他是为了培养君子，还需考虑他实际能招到什么样的学生，学生为什么来学，需要什么。据鲍鹏山梳理统计，姓名可查的77位学生中，"第一期"学生今日知道名字的，一共有六位，按年龄大小排，分别是秦商、颜路、伯牛、子路（仲由）、子开（漆雕开）、闵损（闵子骞）。秦商年龄最大，二十六岁，小孔子四岁，第一章末尾提到过他，《左传》将其名字写为"琴张"。第二大是颜路，二十四岁。其余为二十三岁、二十一岁、十九岁、十五岁，等于今日高中生、大学生都放在一起教。

过几年，颜路把儿子颜渊也带来了，做孔子"第二期"学生，颜渊比孔子小三十岁。还有高柴，也是小三十岁。再有宰予小二十九岁，虽比颜渊、高柴大一岁，但资质可能差点，大白天上课，都要打瞌睡，气得孔子骂他"朽木不可雕也"。① 此外，还有冉雍，和宰予同龄。这四个，和其他名字不知的新生进来后，相当于班上又有了小学生、初中生，故可以安排各年龄段都有的春游。

　　仅学生年龄不一，孔子便不可能只教他们成为君子。尤其再看出身，多是来自孔子母亲家颜家庄的穷苦人家，子路更是个流浪儿，没人管的野孩子。李硕也曾指出，三十岁时，孔子"名气不大，跟他念书的，主要是颜家庄的老亲戚们"。至于"这些老乡亲为什么愿意学文化"，答案"其实是很现实的考虑：改善生活"。老乡们看到孔子因为识字、会算，有文化，在季氏家里上班，日子过得比他们好，"看到了这个好处，才愿意跟着孔子学文化"。孔子呢，也想"靠这个挣点学费收入，另外也是提携老亲戚家的年轻人"。孔子也说过"跟我学上三年，还找不到份挣粮食的工作，那才是怪事呢（那时的工资都是给粮食实物）"。李硕进而认为，孔子早期从事的"主要是职业教育，最实用的知识，还不是'六经'那套高深学问"，"到了晚年，官做得大，学问高"，孔子才能招到贵族"君子"，诗书礼乐等"六经"才成为孔子的主要教育。② 由此又想起前一章提到的元代理学家程复心，他也曾留意

---

① 杨伯峻：《论语译注》，中华书局，1980年，第45页。
② 李硕：《孔子大历史》，上海人民出版社，2019年，第43—44页。

孔子最初的学生是"秦商仲由闵损",如果看到李硕的这些分析,怕是会立即将它烧掉,换上"四教,文行忠信,雅言、诗书执礼,罕言利、命与仁,不语怪力乱神"[①],全是朱熹定下的体面措辞和元代以来的科考标准答案。反而是李硕的用词虽粗糙,却更合情合理,接近孔子初为人师的处境。尽管为推翻常见看法,认为孔子早期主要教"职业教育",晚年才有条件大力发展诗书礼乐等贵族君子文化教育,也走了简单两分极端。

凸显孔子早期做教师是为谋生,固然没错,但同样会忽视孔子于季氏手下打工以来,耳闻目睹的系列恶劣形势,以及猛如孔子者改行从事教育会有更大追求,因此,如果要问孔子初为人师以来追求什么,需从双重视野入手展开分析。

一方面,孔子必须向颜家庄子弟传授基本谋生技能,让他们也可以到卿大夫们家里找份工作,但在此基础上,孔子也会让他们学自己十五岁以来积累的诗书礼乐等历史文化,让他们将来如果能做官,成为贵族君子,便可以做不一样的知书达礼的真正贵族君子。

另一方面,孔子还想找机会去教那些诸侯大夫,让他们知书达礼,不要再乱来祸害国家百姓。一般做教师的,如子桑伯子,不会想到教完自己学生了,还想着去教诸侯大夫。像子桑伯子那样的,采取的是避世隐居策略,不去管鲁国及天下现实如何糟糕,只求自适,同时教学生自适。孔子不同,十六七岁时就是猛人,做教师也不会止于增加点收入,教学生学点谋生技能,而是有大

---

① 程复心:《孔子论语年谱》,商务印书馆,1939年,第4页。

追求，以至连子路这样的野蛮猛人知道后，都甘愿拜其为师，而初次见面时，十九岁的子路还想暴打孔子。尽管那些君子文化课，子路很多都不喜欢学，还老顶撞孔子，不听老师教导，弹琴更是弹得像打仗，子路仍因佩服老师志向大，是真心为国为民，称得上是好汉，所以死心塌地追随老师一生。

　　猛人，志气大，这样的教师自然不会教完谋生技能了事，其学生，尤其是子路这样的野孩子，因此能熏成春秋乱世有英雄作为的仁人志士君子。总之，不能简单概括孔子初为人师以来意在追求什么，就像不能轻易认为孔子五十岁真知"天命"，日后不会动摇了。如果硬要去概括，只能把以上两个方面都考虑到，将孔子初为人师以来的大追求概括为去"为天下太平育人"，包括把贫苦学生培养成既能谋生又能成事的新一代士人君子，替那些本该承担天下太平重任的贵族君子，做好各种基本的治国安民事情，更包括把那些乱来祸害国家百姓的诸侯大夫教育成能让天下太平的真正贵族君子。

　　遗憾的是，以"新一代士人君子""真正的贵族君子"之类的词来勾勒孔子所育之人，还是拗口，不简洁明了。简洁明了的话，用"士""君子"也行。按理，孔子不能用这些词，它们是贵族专属的社会身份，但孔子硬把它们改造成了道德身份，只要道德好，即可称为士或君子，反而那些贵族在道德上称不上士或君子。关键这些词，学生也喜欢。尤其曾子，在孔子教导下，对于士、君子是什么样的人，有很深刻的体会，故就以曾子的两段话，来解答孔子初为人师以来追求什么，其为天下太平育人，到底育的是什么样的人：

可以托六尺之孤,可以寄百里之命,临大节而不可夺也。君子人与?君子人也。

士不可以不弘毅,任重而道远。仁以为己任,不亦重乎?死而后已,不亦远乎?①

二

曾子所言,已透露出,他在孔子教导下,不仅知道真正的君子和士何等忠义、坚韧和勇敢,而且熟悉历史上有许多君子、士都很差劲,都是伪君子、伪士,不能托六尺之孤,不能寄百里之命,什么仁道重任都不管,天下即因此大乱。言外之意,从曾子的学习收获中,已经可以看出,关于以什么样的课程内容来育人,孔子很重视历史及人物教育。之前的历史文化积累随之派上了用场。当然,曾子是晚期弟子,仅能证明孔子晚年重视历史尤其春秋人物教育,无缘经历孔子的早期教育内容。那就看子路,他后来成为不计生死的忠义之士,其不计生死的忠义勇猛程度,直令孔子天天担心他会出事。子路可以证明,孔子早期便教过忠义历史人物。这大概也是子路唯一有兴趣听的历史文化课内容。

进而言之,还是那句话,初为人师的早期阶段,孔子的教育内容不限于谋生技能,还有历史文化学习。只是历史文化教学条

---

① 杨伯峻:《论语译注》,中华书局,1980年,第80页。

件确实不如晚年优越，多是十五岁以来积累起来的残缺不全的历史文化，或者就是各种历史文化碎片，但大体样子还是有的，即诗书礼乐这几类历史文化碎片，以后不断对其进行补充完善而已，到晚期更是可以看到很多鲁国历史文献，故可以编修、讲授《春秋》，此外还有大力研习《周易》。所以，对于孔子初为人师以来，教什么以及用什么样的课程来育人，培养可以让天下太平的君子或士人，还是可以从诗书礼乐展开分析，且直到晚年编《春秋》，诗书礼乐一直是孔子最基本的课程工具与教学内容。

诗书礼乐先学什么，也很清楚。先学诗。当然这是对年龄小的学生而言，颜路等大龄学生就不一定非要学。或者更一般的说法是，小孩子接受教育就从读诗开始，即孔子所谓"兴于诗"。孔子不说假话，不像手机视频里的冒牌"专家"夸夸其谈，忽悠人了事。孔子连自己儿子都是先让他读诗，一有空就问儿子诗读过没，不好好读的话，雅言普通话都不会说，所谓"不学诗，无以言"[①]，将来寸步难行，"犹正墙面而立"，只能在死胡同里向隅而泣。

儿子伯鱼读诗表现不好，要孔子督促才去读一下。其他年龄小的学生也贪玩，所以孔子不得不老是要训："你们这帮小子，为什么不读诗啊？"有个叫陈亢的学生还去伯鱼那打听，原来伯鱼也是督促才读，不督促就不读，感慨老师真是一视同仁，不仅没有给伯鱼另开小灶，而且对他们跟对儿子一样盯得紧。孔子就这样天天唠叨、督促，时间长了，学生都把老师的唠叨记下来

---

① 杨伯峻：《论语译注》，中华书局，1980年，第178页。

了。然后长大了,用来督促自己的儿子和学生,最后记在了《论语》里:

子曰:"小子何莫学夫诗?诗,可以兴,可以观,可以群,可以怨。迩之事父,远之事君;多识于鸟兽草木之名。"①

用今天的新名词说,上一段"子曰"唠叨,就是孔子诗课的"课程标准",而且不同年龄的学生混在一个班上,所以还是水平分层的课程标准。年龄小的小学生除了学普通话,还能通过诗认识一些动植物,就及格了。大点的,学了之后,眼下知道怎么对待父母,将来知道怎么对待领导,就及格了。读到大学,读了十几年,就必须能"兴观群怨",毕业到单位或社会上,绝不会像季武子、季平子、阳虎那样自私乱来,对鲁侯和百姓没有同情心。

"兴观群怨",是孔子的诗教理想,说得多好。"兴"是激发情感;"观"是了解诗里的人间万象;"群"是彼此同情善待;"怨"是如果觉得活得累,有什么埋怨,也能像诗里的人那样怨而不怒。王夫之读过孔子编的"诗三百"后,曾说《诗》之为教,托事物以兴起人心,尤其感人者也"②。这属于孔子的好学生,读到了最高水平,知道孔子编诗叫学生读,是为了以诗里描写的人间万象(事物)来兴起人心,打动人心,让人有同情心,变善良。大家都来读诗,彼此便能"出其情以相示,可以群矣"③。

---

① 杨伯峻:《论语译注》,中华书局,1980年,第185页。
② 王夫之:《船山全书》,岳麓书社,2011年,第324页。
③ 同上,第915页。

如此也能理解孔子备课时，为什么会从西周以来的官方民间诗歌中精挑细选，就是为了找出最好最感人的来让学生读。孔子做教师起一直找，从最初能看到的诗并不多，主要是《周南》，到晚年可以看到三千余首，最后确定三百余首。今日只要打开"诗三百"，便立即能看到人间万象，其中有些什么样的人在生活，从天子到底层百姓，从乡间清纯少女到那些贵族浪荡公子哥，还有丈夫被拉去做苦役或打仗的妇女们等，以及各色人等有些什么样的生活与遭遇，都在诗里，读了确实感动，能兴起同情心，能怨而不怒。

打开诗，进入视野的世间第一类人是少男少女。透过孔子选的诗，可以发现少男少女最基本的生活之一是恋爱，进而引发始料不及的麻烦和问题，其中之一是失恋很痛苦，然后怎么办呢？孔子挑了首满意的，给学生做榜样：

> 彼泽之陂，有蒲与荷。
> 有美一人，伤如之何？
> 寤寐无为，涕泗滂沱。[1]

失恋痛苦者，是少男，还是少女？程俊英认为是少女，其他注家习惯看成少男，这里从哭状涕泗滂沱看，也认为是少男。他失恋了，独自来到昔日和心仪少女约会恋爱的河边，看到河里的蒲草、荷花，想起心仪少女，立即悲伤不已。回到家，仍要早晚

---

[1] 程俊英：《诗经译注》，上海古籍出版社，1985年，第248—249页。

失魂落魄,不知道干什么好,只能一个人蒙在被子里大哭一场,涕泗滂沱。

备课时,孔子把这首诗挑出来,或许曾想起自己少年时的情感经历,所以更喜欢它,一边报以同情,一边夸这个少年做得好,大哭一场之后,就没事了。因为按当时礼制,同姓不婚,双方父母拆散他们,少男少女便认了,对父母虽有点怨,但怨而不怒。孔子希望学生将来若遭遇类似失恋痛苦,也能学一下诗里少男对父母怨而不怒,去河边唱一首《把悲伤留给自己》,了事,涕泗滂沱都可以省掉。

再如,世间另一类人,即尽职但无人理解的基层小吏,诗里也有生动呈现。如《邶风·北门》便写道:

> 出自北门,忧心殷殷。
> 终窭且贫,莫知我艰。
> 已焉哉!
> 天实为之,谓之何哉!
>
> 王事适我,政事一埤益我。
> 我入自外,室人交徧谪我。
> 已焉哉!
> 天实为之,谓之何哉! ①

---

① 程俊英:《诗经译注》,上海古籍出版社,1985年,第71—72页。

基层小吏一大早从北门出去上班，一路忧心忡忡：一年忙到头，还是很穷，而且没有人知道他的辛苦，感慨命不好，老天让他做苦人，有什么好说的呢！到了单位，什么情况？上级把事情派下来，一大堆，就他一个人做，其他人不做。下班了，回到家里，家里人也一个个来骂他，说他傻。然后心里又感慨一声命苦，了事，明天继续早起从北门上班。

苦难深重，但压不垮，无人理解也没关系，这类基层小吏的尽责、坚毅与忍辱负重，正是孔子看重并希望学生能学到的君子或士人气概。也可以看出，孔子之所以不理解老子高悬于天的道，或许就因忘不了世间芸芸众生。世间还有并肩为国作战的士兵，也让孔子无法忘却。天气已经很冷了，有的士兵还没收到家里寄来的贴身衣服（当时，上头只发铠甲、武器之类），战友见了，马上说一句："岂曰无衣，与子同袍。"[1] 就这八个字，便让人为之动容不已，至今如此。这样的战友与好兵，怎么能忘却！怎能不被人知道！更可见孔子选诗备课，对于世间众生有多用心。也让人想，他在当时怎么能找到这么好的东西，定是到处打听才能得到。或是在他的"义兄"子产那要到的，也有可能。

世间还曾有末日天子这类人，如周平王，因为"幽王昏暴，戎狄侵陵"，不得不东迁洛阳。孔子也曾挑出好诗，组成一个"大单元"，名"王风"。其中第一首，便是让学生知道末日天子曾有什么样的悲苦遭遇与心情：

---

[1] 程俊英：《诗经译注》，上海古籍出版社，1985年，第231—232页。

> 彼黍离离，彼稷之苗。
> 行迈靡靡，中心摇摇。
> 知我者，谓我心忧；
> 不知我者，谓我何求。
> 悠悠苍天，此何人哉？①

被迫东迁路上，望着曾属于自己的故土与小米高粱，一一消失，周平王内心之苦也和基层小吏一样，无人知晓。问老天"是谁害我离家出走"，老天也不理。只有勇猛又心善的孔子，把周平王和世间芸芸众生的苦难生活，一一整理出来，教学生做勇敢善良的士，不要不懂人间疾苦，无知乱来，为害世间，祸国殃民。

芸芸众生悉数在诗课里登场，不必再做展开。只需明白，孔子做教师，教学生和那些贵族君子做人，是从让他们了解人间万象众生之苦，养成同情心开始。王夫之能理解诗教，朱熹也能理解。朱熹还补充强调，孔子选的诗，韵律也优美，极适合作为儿童初学内容。如朱熹所谓"吟咏之间，抑扬反复，其感人又易入"，"故学者之初，……必于此而得之"。②魏晋时的何晏也曾说"修身当先学诗"③。所说很对，但需留意何晏的读诗教及研习《论语》，多是为博名做学术，而非真信，真以之修身，实际他和一帮曹魏公子哥竞相修"美姿仪"，化妆抹粉，比谁是流量更高的美男，而不是学孔子的人间慈悲、善良与勇敢。

---

① 程俊英：《诗经译注》，上海古籍出版社，1985年，第121页。
② 朱熹：《四书章句集注》，齐鲁书社，1992年，第77页。
③ 何晏、皇侃：《论语集解义疏》，商务印书馆，1937年，第107页。

诗的另一种学法是专取"温柔敦厚",这一学法对路,却也会弄丢孔子诗教的一大半精华。后来又容易进一步异化为培养弱不禁风的文人骚客。再有便是自汉代起,按刘氏皇权需要来解读孔子的"诗三百",变成了背标准答案的"诗经"。故最好的办法还是按孔子本意,就读"诗三百"本身,随其中人间万象与芸芸众生的喜怒哀乐,让自己"兴观群怨"。或者只认识诗中的植物、动物,也不错,它们许多今天仍活在世上。如莼菜,江南这边至今就有很多,还用来做汤喝。可见,诗里的植物也能养人善心,且无论遇到什么环境,都能坚强活到今天;也像孔子要培养的君子、士人,即曾子曾予以准确描述的,越是生逢乱世,越能担起托孤、救命、弘扬仁道等重任,竭力让乱世保留天下太平希望的刚强忠义之士。

三

学诗,是孔子最看重的基础文化课。如果诗学好了,"兴观群怨"都会了,不光会讲雅言普通话,书、礼、乐这三门文化课也能顺利学好。像书,便是在解答,面对"诗三百"里如实呈现的人间万象与众生之苦,什么样的人最能让天下太平、百姓安康,答案是尧、舜、禹、汤、文、武、周公这些"天子""圣人"。故书这门课相当于上古政治史,虽然史料很少,但也能了解一点圣人的道德政治言行。不过,书对于孔子来说,可能不如诗重要。原因后文会提到,就是史料太少,想重视也重视不起来。

而从《论语》的日常教学记载看，即使礼、乐属于"排练的实习课"，"讲堂上的读本就只有《诗》《书》两种"①，也看不到孔子督促学生读《书》，都是学生听孔子稍微介绍一下尧舜禹等人。如盛赞"舜禹有天下也，而不与焉"，意思是"贵为天子，富有四海，却一点也不为自己"。接着是专门歌颂尧："大哉尧之为君也！巍巍乎，唯天为大，唯尧则之。荡荡乎，民无能名焉。巍巍乎其有成功也，焕乎其有文章！"意思是，尧太伟大，遵从天道，恩泽四海，"老百姓真不知道怎样称赞他才好，他的礼仪制度也真够美好了"。再有就是孔子给学生讲过尧要舜接班，并提醒他"四海困穷，天禄永终"，意思是"如果天下的百姓都困苦穷困，上天给你的禄位也会永远终止"。②孔子进而指出，舜禅让，要禹接班时，也这样说。可见，孔子无论早期，还是后来，开设书课，就是让学生知道尧舜禹如何心系天下太平，百姓安康，他们是禅让制，挑选最好的人出来接班，而非世袭制。

此外还有汤，乞求上天，如果有什么罪过，只罚他，不牵连其他人。再有就是孔子对学生感慨周朝祖先、文王之父泰伯真伟大："三以天下让，民无得而称焉。"③至于周公，孔子早期也曾在课堂上对学生说，他"如有周公之才之美"就好了，"其余不足观也已"。④

周公，或许是孔子早年最崇拜的人，其所谓天命，就是认为

---

① 刘起釪：《〈尚书〉学源流概要》，《辽宁大学学报（哲学社会科学版）》1979年第6期。
② 杨伯峻等：《论语》，岳麓书社，2000年，第75页。
③ 杨伯峻：《论语译注》，中华书局，1980年，第78页。
④ 同上，第82页。

自己此生除教书外，还有机会成为周公那样的人。五十一岁时，孔子真的开始有机会去成就周公伟业，他觉得自己有这个命，老天给的。然而，几年后孔子便失败了。到晚年，孔子曾说自己好久没有梦见过周公：

> 甚以吾衰也！久矣吾不复梦见周公！①

很久不梦周公，表明在晚年孔子心里，五十岁以来有过的命，早就没了。但在早期教师生涯中，孔子始终梦想自己能成为周公，像周公那样让天下安定。这也是他早期做教师最大的追求——成为周公，比做教师教学生，更能安定天下。或合并一下，就是做周公那样的有监国大权、可以教化安定天下的教师——王师，就是要看什么时候有这个命。

同时值得提及的是，孔子晚年因天命破灭有过迷惘，不知道该学什么，教什么。但他在研习《周易》的过程中，又找到了新的崇拜对象，即文王，更喜欢研习《周易》。而在早期教书课的过程中，仅是在说起泰伯、舜时，顺便提到文王"三分天下有其二，以服事殷"，即赢得了天下三分之二的拥戴，却"仍然向商纣称臣"，"可谓至德"。② 提到便结束了，岂料到晚年，被忽略的文王恰恰是自己最该早点重视的榜样，乃至后悔五十岁时，还是太急了，急着去做官，没有好好研习《周易》，没有像作者文王那样，

---

① 杨伯峻：《论语译注》，中华书局，1980年，第67页。
② 同上，第84页。

第二章　为天下太平育人　053

无论做什么事，各种可能变化都要研究一下。尤其被纣王抓去坐牢了，还在研究世事各种变化，写出了《周易》。

无奈，孔子是在"甚衰"时，才明白这一点。"甚衰"，意味着不是一般老，可能快七十岁了，孔子才看清自己五十岁时其实没有真知天命，难怪他会感慨"朝闻道，夕死可矣"。聪慧如孔子，也会因本性太猛，到五十岁了仍会心急，乃至看错奋斗方向。年轻学生更不能急，毕业了先耐心打工，管它什么工作，能谋生便好，然后多多读书，到书里找文王这样的高人，跟着学。进而言之，"朝闻道，夕死可矣"，不是年轻人该说的话，年轻时的道，往往不够好，不值得为之夕死。当然，这些都是孔子晚年教导，早期教书课，即使提到文王，也错过了，至多只是为晚年研习《周易》埋下过伏笔。

文王之外，出现在孔子书课教学里的人物是禹。孔子说他对禹没有任何批评，自己吃得很差，好东西都拿去敬奉"鬼神"，住得也很差，心思都在为民治水上。孔子的书课教学便是围绕这些伟人展开，只是在和学生分享，上古有哪些最能让天下太平的英雄，如今都不见了，都是自言自语，像是在分享他的"为己之学"。不过需注意，不能把孔子所有的教育教学都简单称作"为己之学"，听起来似乎悦耳，却会缩小孔子的格局。即如他教书课，也不单是为自己确立人生榜样，最终也是为天下太平，同时告诉身边诸侯和想做诸侯的卿大夫，你们何德何能，竟也想去富有天下。

学生没一个回应，也没有看到孔子教诗时那样，老是唠叨督促学生学书，所以孔子大概认为让学生知道，上古曾有尧、舜、禹、汤、文、武、周公，就可以了。连自己都无法成为他们那样的圣人，何况小孩子。此外，还有一点原因，也值得留意，即孔子早期做教师时，没法为书课定下一以贯之的宗旨，不像诗课，宗旨可概括为"兴观群怨"，或"一言以蔽之，思无邪"，然后根据宗旨选上好诗歌。上古史，尧与舜开头，多好，安定祥和，但到结尾，竟发生武王伐纣、血流成河的极端惨象。早期的孔子没法弄清上古史的本质意义究竟是什么，宗旨随之定不了，又不能先定个好宗旨，然后文饰历史，所以讲点好的历史碎片，就可以了。也可以看出孔子的教学真诚与不欺，他自己都没法搞清楚如何理解上古史，拿不出宗旨，怎能去唠叨督促学生学上古史？

唠叨督促的和诗一样多的，是礼和乐。无论是礼课，还是乐课，孔子的教学宗旨都非常明确，礼和乐的本质是什么，为什么学，对天下太平有何意义，孔子说起来如数家珍。学生也跟着能如数家珍，不像书课，看不到学生的任何心得。也正因为宗旨很明确，所以备课及教学都和诗课一样投入。且看礼，需要学会哪些礼仪，一步步怎么做，有哪些讲究，孔子都先列好，今日在《礼记》里都能看到。不仅如此，孔子一旦知道哪里有礼可观，马上叫学生到现场去看。延陵季子儿子去世举行葬礼，孔子便叫子贡去。子贡看完，回来报告情况。孔子满意地说"延陵季子于礼其合矣"[1]，子贡没有白学一趟。

礼乐一体，学礼必须学乐。乐独立设课时，则是孔子最喜欢、

---

[1] 王锳等：《说苑全译》，贵州人民出版社，1992年，第841页。

地位最高的文化课，故把诗、礼、乐的顺序定为"兴于诗，立于礼，成于乐"①。孔子一听到音乐，就来劲。唱得不好的，也要去听一下，且孔子对音乐本质精神的理解也很高，深信没有什么能比好的音乐更能达成和谐美好的政治、社会及个人生活。这些在导言与第一章便说过。这里先补充一点，孔子熟悉尧舜禹，知道他们均曾作乐，"以感天地，通神明，安万民，成性类"，但到商末，"殷纣断弃先祖之乐，乃作淫声"，"乐官师瞽抱其器而犇散，或适诸侯，或入河海"，尧舜禹时的古典乐随之传于诸侯。"至春秋时，陈公子完犇齐。陈，舜之后，招乐存焉。故孔子适齐闻招"。②招乐即韶乐，可见，非得有陈公子完这样的乐师，从王室散落诸侯，孔子才可以学到曾藉之寻求天下太平的古典乐。

平时，孔子尤其学生容易听到的都是商纣以来崛起的流行情歌。孔子同意学生听，在诗课里也选了许多"兴观群怨"的情歌，但他说的"成于乐"则是要让学生学会古典乐，而非只学流行音乐。为此，孔子自己先学会，记谱作曲弹唱，孔子都学得很好。包括诗课，孔子也能配上古典乐唱之，即司马迁所谓"三百五篇，孔子皆弦歌之"③。学生则说，老师教唱歌，如果对方唱得好，一定要他再唱一遍，然后跟他合唱，所谓"子与人歌而善，必使反之，而后和之"④。孔子只有参加丧礼时，哭过，才不会唱歌，饭也不吃饱。⑤ 礼也好，诗也好，都必须能唱起来，所以孔子早年做教师，

---

① 杨伯峻：《论语译注》，中华书局，1980年，第80页。
② 班固：《汉书》，中华书局，1962年，第1039页。
③ 司马迁：《史记》，江苏古籍出版社，2002年，第427页。
④ 同①，第75页。
⑤ 同①，第68页。

似乎只要教文化课，便要唱歌。但学生刚开始学礼乐时，心思却在玉帛、钟鼓等礼器、乐器上，跑过去摸个不停，弄得孔子不得不训，礼"难道只是指玉帛"，乐"难道只是指钟鼓等乐器吗"？① 由此可以看出自己喜欢、精通是一回事；教学生学乐，还要成于乐，实在太难。这涉及孔子成于乐的标准太高，成于乐，不仅仅是技术上学会弹奏演唱古典乐，而是还要成为仁者，只有成为仁者，才能真正弹好、唱好古典乐，所以学生即使学会了弹奏、演唱古典乐，也学会了行礼，孔子仍会训：

人而不仁，如礼何？人而不仁，如乐何？②

不会弹唱不行，只会弹唱也不行，还要成为仁者，才叫成于乐。

此外还有更难的：教学古琴时，学弹一首从未弹过的古典乐，作曲是谁，也不知道，在逐渐学会弹奏的过程中，能深切感受到，只有真正的仁者，才能做出此等上佳古典乐。这可以说是孔子最难的乐教问题。他自己也是后来流亡到卫国时，跟师襄子学琴，才遇到其一生最难的乐教问题。但其教师生涯第一阶段的成仁与成乐，也已够难的了。

乐啊，仁啊，实在高深，弄得学生技术都还没学好，又纷纷开始问什么是仁。又是个难死人的问题。如此，乐课教到什么时候是个头。好在孔子耐心，一一根据学生情况解答，你这样做，

---

① 杨伯峻：《论语译注》，中华书局，1980年，第185页。
② 同上，第24页。

他那样做，就是仁，就中正善良平和优美了。慢慢引导，还是能以仁者之心，弹唱演奏古典乐。但很难学好的学生总会有，其中最典型的便是第一期的老学生子路。子路因佩服老师志向大，是为天下人活着，所以即使不喜欢诗书礼乐，也还是会去学一学，然而以他那种张飞式的性格，实在不适合学弹古典乐。可他偏偏去学，先看人家弹，想有一天能弹给老师和同学看看。

　　因材施教的孔子似乎没特别要求子路学好古典乐，孔子看他是个难得的赤子，单纯，没有心眼，讲义气，就是粗野，便重点教他改掉江湖理想，将来从政造福于民，并叮嘱他收敛勇猛，做事三思后行。但突然有一天，子路觉得自己看人家弹，看得差不多了，于是当众弹琴给大家听，结果弹得像打仗，孔子听了直叹有"杀伐之像"，直接骂子路"不才"，然后没继续批评，而是让冉有去告诉子路，弹琴时，要一片平和仁心，还举了一堆人物案例，什么"舜起布衣，积德含和，而终以为帝"，还扯出纣王，"纣为天子，荒淫暴乱，而终以亡"。[①]云了一大堆，音乐课转而变成思想品德课，子路"遂自悔"。子路连自我批评都猛，"不食，七日而骨立焉"，不吃饭，瘦得皮包骨头，弄得孔子又说"子路啊，你后悔太过了"，所谓"由之改，过矣"。[②]孔子以为子路知道学音乐要收敛蛮性，终于直接鼓励他——"子路啊，不错，连音乐也知道要学了，继续努力，将来就可入室了"，所谓"由也升堂矣，未入于室也"，还叮嘱其他学生，不要"不敬子路"。[③]孔子

---

① 王国轩等：《孔子家语》，中华书局，2016年，第291页。
② 王锳等：《说苑全译》，贵州人民出版社，1992年，第869页。
③ 杨伯峻：《论语译注》，中华书局，1980年，第43—44页。

不会往坏里想，子路猛罚自己，是不是故意较劲，或他后悔的是学音乐这么麻烦，再也不想学了。子路到底怎么想的，无法弄清，但从此再也没有看到过子路弹琴。子路的确不适合学古典乐，适合他的是摇滚乐那种类型的音乐，但孔子不教，觉得它会引发动乱，属"亡国之音"。

好在学不学音乐，都不影响子路一生追随孔子。孔子也知道子路最忠诚。晚年，孔子身心疲惫到极点，一事无成，曾想到海上隐居，便把子路叫来，说"如果真去隐居了，你们这帮弟子中，大概只有你子路会和我同去"，即孔子所谓"道不行，乘桴浮于海，从我者，其由与"。结果，"子路闻之喜"。[1] 他喜的是后一句，"从我者，其由与"。相比早年那一大串由大人物和大概念组成的唠叨训词，这句简单但情深义重的大白话，才是子路一听便会喜欢上的，也可以说是子路最喜欢的"音乐"。"从我者，其由与"，歌词多好。对子路而言，歌词通俗易懂，有感情，讲义气，就已经是好音乐。

文化课有哪些，孔子怎么教的，至此考察完毕。孔子做教师以来，为学生开的文化课就是诗书礼乐，且主要是诗礼乐。对此朱熹也有概括："孔子当时教人，只说《诗》《书》、执礼；只说学诗乎，与兴于诗，立于礼与成于乐。"[2] 只不过，朱熹没有展开，也忽视了孔子晚期教师生涯并非"只说"诗礼乐。接着还需指出的是，单看诗礼乐，孔子很重视，但为天下太平育人的孔子除了

---

[1] 杨伯峻：《论语译注》，中华书局，1980年，第114页。
[2] 黎靖德：《朱子语类》，中华书局，1986年，第1623页。

诗礼乐等文化课,还重视实践课,尤其自己的实践或所谓身教。他的观点是"行有余力,则以学文"①。可见,孔子固然重视基础文化课,但更重视在现实中身体力行,学以致用,而不是把学生关在教室里学文化课了事。所以,接下来便随孔子的行动,进一步感受他如何为天下太平育人。

四

说到身体力行,学以致用,最初主要是孔子自己想办法行动,学生则还没有机会出来做官,谈不上能够有学以致用的行动。孔子想有行动,是因为他懂礼。当时诸侯、卿大夫多不懂礼,以致外交内政常闹笑话,所以愿意接触请教懂礼的人。诗书,他们不感兴趣。乐,他们只是当助兴,而且乐也不用他们自己来演。礼,得要他们自己来演,但不知道怎么演,老演错。

齐景公就时常因演错礼,闹笑话。其他大夫则不当回事,还假装马鹿不分,拍马屁说演得好。当然也不尽是拍马屁,因为他们同样不知道怎么演,弄得晏子实在看不下去,要景公发展礼教。景公开始不认为礼教是"时代需要",他要晏子发展军事,把"天下勇士"招来。晏子则想说服他先接受礼教。晏子告诉景公,"君子无礼,是庶民"。晏子所言不假,学礼,乃贵族君子的身份标志与义务,故晏子以此话开头,要景公认真对待。同时,晏子也很

---

① 杨伯峻:《论语译注》,中华书局,1980年,第5页。

清楚，让景公这样的野蛮无知贵族接受礼教，仅仅说不学礼就变成平民了，显然是苍白乏力的废话，反正他变不了平民。晏子必须拿出能让景公害怕的狠话："臣多勇则弑其君，子力多则弑其长，然而不敢者，惟礼之谓也。礼者，所以御民也。"景公一听，果然吓一跳，不发展礼教，命可能都会没了，马上说"善"，然后对晏子"以为上客，终日问礼"。① 晏子很会因材施教。但景公有个习惯，听完就忘。从后续发展看，齐国并没有因晏子善于修理景公，便形成了重视礼教的优良传统。景公及之后的齐侯照样还是不懂礼，甚至到晏子、孔子均已离世了，齐侯处理外交内政时依旧不懂礼。如鲁哀公十七年，即孔子去世第二年，齐鲁会盟，齐平公见到鲁哀公，竟按朝见天子之礼，给后者来了个磕头。鲁哀公到底有孔子教过，对齐平公"仅弯腰作揖"。"齐人怒，武伯曰：非天子，寡君无所稽首。"② 武伯即孟武伯，是孟僖子的孙子，他做司仪礼相，还懂会见诸侯无需叩拜。齐国上下因无知，只能自取其辱。但得胜一方，也是暂时得胜，奇耻大辱的一方会伺机报复，天下常常就是这样越来越乱的。源头便是彼此不知以礼相待。所以孔子绝非教一些没用的东西，礼是当时的大需要，天下许多大乱都由不懂礼引发，故孔子老是说，礼的本质是真诚相待，和谐美好。齐侯没有也不懂孔子的大局观，但还能因栽跟头丢人，或像景公那样想，手下和儿子若不懂礼，可能会乱来把他杀了，所以觉得礼有点重要。

① 王锳等：《说苑全译》，贵州人民出版社，1992年，第815页。
② 杨伯峻：《春秋左传注（修订本）》，中华书局，1990年，第1711页。

就是这些很次的自私想法，让礼在春秋末期一直有其"时代需要"，进而给孔子学以致用，去教育诸侯提供了机会。这机会，孔子有生之年一直在那，甚至孔子去世后，诸侯们仍和齐侯一样不懂礼。问题只是孔子如何能接近获得机会。大概得益于鲁国三桓之一孟僖子平时宣传，诸侯也知道孔子精通礼，孔子因此能有机会去行动，去展开其另一大教育伟业，即教育诸侯。而且就在孔子办学做教师那年，景公带着晏子来鲁国访问，点名要见见没有资格进入朝堂的孔子。景公问："昔秦缪公国小处辟，其霸何也？"孔子答曰：

秦国小，其志大；处虽辟，行中正。身举五羖，爵之大夫，起累绁之中，与语三日，授之以政。以此取之，虽王可也，其霸小矣。[1]

意思是说，秦国崛起，当初全赖缪公措施对路，亲自用五张黑羊皮，把在楚国为奴的百里奚买到秦国，和他谈了三天，然后授予国政大权。之后，秦国何止称霸，称王都可以。孔子说得很直接，景公听了表示高兴，孔子真会说，有志气。

秦国早期历史，孔子知道一些，但其所言显然也在表达自己的从政愿望，希望齐侯、鲁侯给他机会澄清天下。他不想只是教琴张、颜路、子路他们谋生技能和诗书礼乐，把他们培养成士，那样太慢了。他想自己直接以礼乐纠正乱世，恢复周公时的天下

---

[1] 杨伯峻：《春秋左传注（修订本）》，中华书局，1990年，第1420页。

太平秩序。然而景公悦完,便走了。孔子又只能等待机会。

受景公召见一类的事,放到今天,大概会在单位公众号上发个报道,告诉外界,齐景公接见我校校长孔子。孔子呢,事后有何反应?什么直接史料也没有。估计只有失望地回到学校,继续唠叨督促学生:你们这帮小子,为什么不读诗啊?不要只盯着玉帛、钟鼓。或者又叫哪个学生去现场观礼。就三十岁的孔子而言,能自主把握的就是教学生。孔子不会像子桑伯子避世,但位卑人轻,只能等待。这一年,孔子学校内发生的最大一件事,就是年龄最大的学生琴张想去吊唁宗鲁,被孔子拦住了。

仍在季氏手下做家臣的昔日同事阳虎倒是越做越大,逐渐靠近其有朝一日控制季氏的造反目标。季氏族长季平子也是越来越嚣张。景公则回到齐国,便把问孔子的何以成就霸业问题抛诸脑后,沉迷于他更擅长的打猎、喝酒等奢侈享乐。喝得高兴时,竟还想出了一个享乐主义人生难题,便又问晏子。于是"师生"上演如下一段景公问晏子答的罕见奇葩对话:

公曰:古而无死,其乐若何?晏子对曰:古而无死,则古之乐,君何得焉?①

古代的人一直不死的话,能有什么享乐?言下之意,会不会比他快乐?这就是景公突发奇想的享乐主义人生难题。晏子也实在可惜,和这样的诸侯在一起,且他在齐国也没啥势力,干不了

---

① 杨伯峻:《春秋左传注(修订本)》,中华书局,1990年,第1421页。

什么大事。所以孔子了解情况后，能同情晏子。之后晏子阻止他发展，孔子也能原谅。

当年，孔子祖先之国宋国情况如何呢？宋元公"无信多私"，手下大夫华氏造反，将元公四位公子诛杀，囚禁另一大夫向氏。元公前往华氏府上，请求放人，也被"劫之"。[①] 卫国呢，也有齐豹因司寇之位被公孟夺去，发动叛乱，准备诛杀公孟。他叫宗鲁躲开，不要和公孟一起乘车，以免误杀。宗鲁没同意，说当初他去效力公孟，正是齐豹推荐的，现在又要他弃公孟而去，此等不义之事，他不干。宗鲁即因此"归死于公孟"[②]，进而引来琴张前往吊唁义士，被孔子拦住，还一顿训斥。可知，孔子似乎不了解其中实情，只以为公孟不是好人，宗鲁却效力于他，以至反说是齐豹交友不慎，被宗鲁和公孟害了。

琴张有没有因老师不明就里退学，或者事后孔子有没有道歉，都不知道，只知道孔子就在一片乱象中办学做教师，为天下太平培养君子、士人。年底又发生子产因病离世，现实中唯一能让孔子敬重的"义兄"消失于乱世。孔子从此更觉压抑，想去学以致用纠正乱世，却连机会都没有，就只能看着忍着，埋头在学校里，教授不知何时能派上用场的诗书礼乐。

忍了四年，孔子到底忍不下去了。季氏不仅无视诸侯，连天子都不放在眼里，在家享受歌舞，竟公然把排场弄得跟天子一样大，用八排，八八六十四人为之歌舞。三十五岁的孔子得知情况，

[①] 杨伯峻：《春秋左传注（修订本）》，中华书局，1990年，第1409页。
[②] 同上，第1410页。

终于不再继续收敛压抑自己，马上说出一句让子路兴奋的怒骂：

八佾舞于庭，是可忍也，孰不可忍也？①

一般人可能会觉得，用个八排的，没什么大不了，十六排也没事。但孔子不同，他认为一个大夫竟用八佾，如此嚣张践踏天子之礼，比大夫内部造诸侯反，更能让天下大乱，这是孔子为何怒骂不再忍的原因，也是他在一片乱象中，还能忍着传授西周礼乐的动力，遵守礼制，对孔子来说太重要，一般人自然不懂孔子的愤怒，包括子路也不懂。学生中，颜渊最能懂，但当时还太小，才五岁，还没到可以上小学一年级。不过子路看到老师的不忍气概，终于愤怒不忍，就够了。恰好鲁昭公那边，对于季氏的嚣张，也愤怒到极点，不想再忍了。

昭公于是联合同样愤怒的其他两家大夫，发兵诛杀季氏。无奈正如前一章所叙，三桓联合起来后，昭公他们不是对手，兵败逃往齐国求助。孔子也因此遭遇其教师生涯的首次大考验——昭公都逃走了，大话说出去收不回了，孔子该怎么办？孔子选择了随鲁侯出走，尽管他没有"编制"，不是昭公的人，但他可以朝昭公的方向走。况且几年前齐侯还向他请教过霸业问题，说不定能觅得机会。即使孔子担心齐侯恐怕早忘了多年前的旧事，也还是得前往一试，因为除了齐侯，孔子并没有和其他侯有机会说过话，所以先走了再说，往齐国去，万一有像周公那样做"王师"纠正

---

① 杨伯峻：《论语译注》，中华书局，1980年，第23页。

第二章　为天下太平育人　065

乱世的机会呢！

　　因为不是昭公编内人，三十五岁的孔子到了齐国后，只能自己找工作。同行的学生，大概有子路。到了以后，孔子或许觉得景公确实早把几年前的旧事忘了，迟迟没有动静。但孔子仍有办法，他在齐国大夫高昭子家找到了家臣工作。高昭子是景公宠臣，一直在高家做，总有机会和景公续上旧事。孔子也跟高昭子说过，要他替自己引荐，即司马迁所谓"欲以通乎景公"。这一招倒真有效，就是不知等了多少时间，在高昭子引荐下，孔子和景公续上了。这次，景公没有问霸业，而是问如何治理国家。孔子答"君君，臣臣，父父，子子"。景公感慨讲得好啊，君不像君，臣不像臣，怎么得了，但景公的结论是，这样下去，"虽有粟，吾岂得而食诸"。景公只在意自己能否享乐，直接说了出来。他也喜欢直来直去的孔子，他一听就明白。上次也是，孔子说，称霸至少得拿五张羊皮去换人，同样好懂，不像晏子说话会绕弯。没多久，景公再次召见孔子问政，孔子答"政在节财"，更是一听就懂。景公很高兴，随即回归奢侈习性，说马上把尼谿那一片土地封给孔子。如此，孔子便是新晋大夫了。可偏偏就在此时，晏子出来干预。即使孔子不认为自己是当时一般"儒者"，也被晏子归为"儒者"，然后说了一堆坏话。齐景公因此犹豫，但或许因觉得身边没有像孔子那样直接又有主张的人，景公还是想把孔子留在齐国。过了段时间，景公又把孔子召来，说他不可能给孔子季氏那样的地位，但可以给低于季氏、高于孟孙氏的地位，从而惹来"齐大夫欲害孔子"，最后景公只好作罢，对孔子说"吾老矣，弗能用也"。[①]

其实，景公只比孔子大一岁，幼年即位，到想重用孔子，已做了三十余年国君，也遭遇了卿大夫崛起，其日益奢侈享乐的背后，或许也是为自保。想直接破格重用孔子，则是为回到早年的理想即光复桓公霸业，但终究敌不过卿大夫崛起。孔子知道齐国大夫们想害他后，没有再为难景公，随即返回鲁国。为寻找机会，追求更大的教育理想，孔子在齐国滞留了两年多，除学到曾让他陶醉了三个月的韶乐，只增加了一份失败经验：在齐国和在鲁国一样，也是大夫林立，无法寻求周公式的"王师"教育大业。

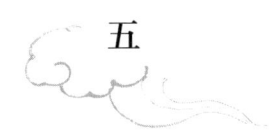

五

主动在齐国漂泊了两年多，孔子回来了，年龄三十七八岁，还算年轻可以干事。而且失败是成功之母，对于回来之后走什么路，孔子觉得自己看清楚了，不会再像去齐国前，不甘心只在自家学校里做教师，一定要到外面闯一闯，看看能否做成更能让天下太平的教育。孔子的这段经历堪称匪夷所思，一般做教师，问题乃是不安心在学校里教书，然后得想办法安心在学校里教书，孔子做教师，问题却是不甘心没有机会到外面去教育诸侯大夫，想要以礼乐来约束他们，要他们学会不要乱来祸国殃民。

---

① 司马迁：《史记》，江苏古籍出版社，2002年，第418页。

确实匪夷所思，教书匠的祖师爷到底是猛人一个。出去一趟失败后，孔子慢慢甘心了，决定安心做好学校里的教书匠，此即孔子晚年回顾自己四十岁左右的心态时说出的"不惑"。说得挺准确，比说五十岁"知天命"准确多了。之后，至五十岁，孔子一直在自家学校安心做教师，没有再被自己的不甘诱惑，想到诸侯身边去干更大的教育事业。是为孔子教师生涯的第二阶段。

另一匪夷所思的事是，孔子开启第二阶段长达十余年的教师生涯后，第二期学生陆续进来了，其中有个叫颜渊的小孩，还有叫子贡、冉有的，都是八九岁、十几岁的小孩。尤其颜渊，更是成了孔子最喜欢的学生，爱学习，不怕穷，又聪明，都非常像他，而且比他听话。没有史料说颜渊几岁拜孔子为师，只能大致推测，颜渊聪明听话，五六岁时就该来上一年级，他父亲颜路可能和孔子也说过；但考虑到孔子推崇周礼，周礼规定小学"以七年为原则，自八岁起至十五岁"[1]，所以姑且认为孔子从外面失败回来后，颜渊来上小学一年级了。

有颜渊这样一个刻苦好学听话的学生，对任何老师来说都太重要了。就孔子而言，正是颜渊的到来，让孔子的教师生涯体验从此发生质变，如其所言："自吾有回，门人益亲。"[2] 之前，孔子认真备完课，上完课，还要不断唠叨督促学生去学，不督促便不学。时间长了自己都烦，不过是责任心强，硬着头皮去做，几乎体会不到师生一起学习的快乐，或基本只有自己学习的快乐。

---

[1] 陈青之：《中国教育史》，商务印书馆，1936年，第25页。
[2] 司马迁：《史记》，江苏古籍出版社，2002年，第527页。

就最初有一次兴致来了，带学生去看他怎么教子桑伯子穿得"威而不猛"，结果还失败了，学生也不出来为他辩护一下。不像颜渊来了后，不仅形成了亲密快乐、彼此欣赏的"学习共同体"关系，而且看到自己的老师被误解，甚至被老大师兄子路抱怨，也会出来说"你们和外面那些诸侯一样，都不懂老师的思想有多伟大"，弄得孔子暗自欣慰得意之余，觉得还得更出色点，才能对得住颜渊对他的夸赞：

仰之弥高，钻之弥坚，瞻之在前，忽焉在后。夫子循循然善诱人，博我以文，约我以礼，欲罢不能。既竭吾才，如有所立卓尔。虽欲从之，末由也已。[1]

颜渊把孔子说得太厉害，学问品德之高，无人可及，只有跟在后面拼命学，学到一点是一点。还没有学生这样夸的，以至孔子认为颜渊学业上帮不了他，上课从不提问，就是只认真学。搞不清孔子是责备颜渊，还是得意自己怎么能有这么刻苦好学听话的学生。好在即使真是责备颜渊不提问，也没事，因为其他学生爱提问，像富二代子贡就爱提问，是提问最多的学生。刚开始，子贡似乎还怀疑老师水平和一般人无异，故意提问呛老师。

有一次，孔子因感觉到子贡不服，就去问他，大意类似"子贡啊，你以为我就是靠多刷题才记住的吗？"子贡反唇相讥："对啊，难道不是这样吗？"孔子气得够呛，说"非也，予一以贯

---

[1] 杨伯峻：《论语译注》，中华书局，1980年，第5页。

之"①，意思是有中心思想和大理想来统领学习，需要学什么方能实现目标非常明确，所以纲举目张记得多，而不是靠刷题。好，既然说到有中心思想，子贡过几天，又针对中心思想，提了个很难的问题："有一言而可以终身行之者乎？"意思是说：有没有一个字是可以终身奉行的？问题之难，堪比朱熹五岁时问父亲天的上面是什么。但与朱熹父亲答不出不同，孔子马上就给子贡提供了答案："其恕乎！己所不欲，勿施于人。"②

没有看到子贡再刁难问下去，更难的问题，孔子也能根据子贡的自视甚高和咄咄逼人，说到他心里去。后来，子贡服了。孔子叫他去观摩延陵季子儿子的葬礼，他也去，还带着竹简去做记录，回来如实汇报。服了的子贡逐渐成为继子路、颜渊之后，孔子第三重要的学生，并依靠经商、交往能力强，为老师的学校，乃至为鲁国，做了很大贡献，现实贡献堪称比颜渊大多了。甚至学校缺钱，需要赞助，也常常由子贡出。有学者更曾提出"子贡是孔子弟子中最杰出的人物"③。

相比初为人师那几年，除了琴张吊唁，子路忠义，其他几个有名字的学生，在学校里都没什么声响，颜渊、子贡、冉有、宰予这批学生进来后，孔子的学校及其教学真是热闹。孔子也开始持续体验"教学相长""学而不厌，诲人不倦"的乐趣。所办学校则迅速成为曲阜名校，而且孔子也很会搞活动，引起外界关注，

---

① 杨伯峻：《论语译注》，中华书局，1980年，第161页。
② 同上，第166页。
③ 辛安亭：《子贡是孔子弟子中最杰出的人物》，《兰州大学学报（社会科学版）》1986年第3期。

同时教化社会。最著名的活动当属带子路等学生去外面围场举行射箭比赛，"观者如堵墙"。子路见人来得差不多，高喊一声：败军之将、亡国大夫和认贼作父者，不准入，其他人可以入。结果"盖去者半，入者半"。子路一喊，竟把混在人群中的败类全吓跑，可见其张飞式气概与魄力。孔子得子路做弟子，实在幸运。难怪他曾说，自从有了子路，路上便没人敢欺负他。子路喊完，第二个学生喊：少年时孝敬父母，长大仍守礼不乱来，死的时候能问心无愧的，准入。结果人又走掉一半。第三个学生喊：认为自己能"好学不倦，好礼不变，旄期称道不乱"的，准入。这次，走掉多少人，不知道，反正还有人剩下。孔子也没有再安排学生继续喊，再喊只剩自己的学生了。该走的都走了，比赛可以开始，孔子出来讲话，大意和他教礼乐时差不多，模仿其句式，可概括为：人而不仁，如射何？确实如此，孔子说不光要有射术，还要有仁心，"若夫不肖之人，则彼将安能以中"[1]。孔子艺高胆大，学过射礼，且是仁者，很容易心无杂念，故不怕有人上台，跟他比赛谁射的环数高。

搞个射箭比赛，就可以把那么多败类揪出来，可见孔子即使专心做教师，也要以自己的教育去影响改造社会，使自己的教育成为移风易俗的力量，藉此在无法从政的情况下，继续壮大为天下太平育人的初心与事业。子路等弟子们也从中体会到了自己的力量与价值，更愿意追随孔子。甚至可以说，孔子的教育，孔子及其弟子，已让一片乱象的鲁国形成了一股仁道政治力量。通过

---

[1] 崔高维：《礼记》，辽宁教育出版社，2000年，第233页。

第二章　为天下太平育人

举行射箭比赛,孔子及其弟子都能看到他们已经能引人注目,进而产生系列微妙变化,诸如以做孔子的学生为荣,想来上学的人越来越多,以及就业机会不请自来等。只是机会来了后,又无法提前知道该不该把握,如果把握,是对了,还是错了。

也就四五年的工夫,孔子便取得了备受瞩目的办学成就与轰动影响。这时,孔子反倒担心学生坐不住,所以开始用新的激将法唠叨,对学生说:"三年学,不至于谷,不易得也。"[①] 谷,是当年在大夫手下打工或在诸侯那做官的俸禄。孔子故意激将学生:你们有谁能安心学个三年,不着急去打工做官,就已经了不起了。之所以如此激将,正是因为学生看到机会坐不住了。孔子也被外界议论为什么不去做官,孔子只好说,对他而言,读《书》,就是在做官啊。《书》云:'孝乎惟孝'……是亦为政。奚其为为政"[②],还要怎样才算做官?真的是办学做教师出了名,想不做官都难。

或许孔子期待的,正是外界为他不去做官感到不平,为他制造舆论。无论怎样,孔子办学的社会后果之一,就是逐渐将自己再度推入政治,且最先获得的不请自来机会又与阳虎有关。孔子这一辈子总是绕不过阳虎。埋头办学八年后,即公元前505年,四十七岁的孔子在路上又偶遇阳虎。当时,昭公去世多年,在位是鲁定公。这一年季平子也已去世,季氏族长接任者是季桓子。阳虎忍中"饰奸"熬到季平子死,成功控制季氏,掌握了鲁国大权,故邀请孔子出来助他。孔子断然拒绝,继续"不仕,退而修

---

① 杨伯峻:《论语译注》,中华书局,1980年,第82页。
② 同上,第20—21页。

诗书礼乐，弟子弥众，至自远方，莫不受业焉"①。

又过三年，孔子不仅名声更大，而且突然又坐不住了，急于出山。正好季氏另一家臣公山不狃占据费邑，反叛季氏，来邀请孔子出山。孔子读到周文王当年也是在弹丸之地丰镐起家，于是非常想去差不多小的费邑成就一番伟业，视之为此生"天命"，必须前往一试。老弟子子路坚决不许，孔子才没有去成。与此同时，三桓也在考虑请孔子出山，藉此至少不让孔子及其学生——这股新生力量，不被造反家臣用来壮大势力。孔子没想到，齐国归来做教师十二年，突然变得如此吃香，鲁国上下都要他做官。此类处境让孔子无法不想，自己到底有做官的命，还是有机会去成就周公式让天下太平的"王师"教育伟业。最终，三桓让鲁定公任命孔子为中都宰。国君任命的，孔子答应了，子路也同意。时年孔子五十一岁，从此开启亦官亦师、官师一体的教师生涯第三阶段。

---

① 司马迁：《史记》，江苏古籍出版社，2002年，第419页。

第三章

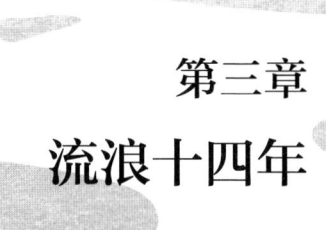

流浪十四年

进入孔子五十"知天命"以来的岁月了。对于天命指什么，常见哲学史或思想史视角的解释，往往是从今人的哲学入手展开分析，以"六经注我"的方式进行理解，如说"天命指天赋人权，人人平等，以人爵代天爵"[1]，或认为是"天的意志""天的命令"[2]，是"道德的超越表现"[3]，等等，都是在比拼"我"的哲学，展示"我"的政治、世界观或道德观点，而非孔子本人五十岁所感知的天命。

　　与这些分析不同，史学视角的分析则是从孔子五十岁时的实际处境及心志出发，旨在揭示孔子本人到五十岁时觉得自己有何天命，如史学家李零便认为，关于"孔子说的'天命'是什么，说穿了，很简单，就是出来当官""他学《易》学到五十岁，自己

---

[1] 宗白华：《中国哲学史提纲》，重庆大学出版社，2014年，第21页。
[2] 冯友兰：《中国哲学史论文二集》，上海人民出版社，1962年，第102页。
[3] 韦政通：《中国思想史（上）》，上海书店出版社，2003年，第49页。

给自己算命，我该出来当官了"。① 从前一章考察的情况及孔子本人想法看，确如李零所言，孔子所谓"五十知天命"，意思没那么复杂，就是孔子五十岁起，发现做官是命中注定的事，而且应该去做。

之前一章也提到，四十岁以来，孔子得益于闯过了，失败了，所以决定不再被自己的不甘心迷惑，不再想什么到诸侯那寻求做官从政机会，找不到，没这个命，那就先安心在自家学校办学做教师。但做教师十年下来，名气影响大了，加上季氏日益嚣张，公山不狃、三桓等都来邀请，孔子又不安心了，觉得自己此生还是有必须出去做官的命，此生并非注定只能在学校里教书，"学以为己"了事。

故李零的分析可能更贴近孔子本人的实际处境与心志变化。只不过，还需补充一点，即孔子并非为做官而做官。如果仅为混个一官半职，几年前阳虎邀请他，他就可以去做官了。甚至三十五岁在齐国时，放下尊严脸面，多到齐国的几个掌权卿大夫那走走，也能捞个一官半职。但是孔子觉得他的命没这么贱，他不会为做官而做官，他想的乃是通过做官纠正乱世，而且是狠干几件大事，像是要和春秋乱世彻底打一仗，打出一点天下太平的希望。因此，本章就从这一点出发，考察孔子第三阶段的教师生涯。

---

① 李零：《丧家狗：我读〈论语〉》，中华书局，2022年，第6页。

一

中都宰是孔子的第一个官职，相当于今日济宁汶上县的县长，离曲阜四五十公里。孔子到任，重点解决基本民生及教化问题，包括拿出可行制度，确保生有保障，死得安葬，有礼节但不奢侈；长幼吃东西有区别，吃出礼节；按能力分配不同任务；男女街上走路，各走一边；路上捡到东西不能据为己有；修坟不能高，也不要在周围栽树。这些都是孔子平时在学校讲，但无法实践的"政事"类课程内容。现在可以实践，不再是"空言"了。实践效果也很好，"行之一年，而西方之诸侯则焉"[1]。

西方诸侯纷纷来效仿，或有夸张之处，他们的心思不在百姓安康上，不来破坏，阻止鲁国安康强大，就不错了。但教育一个县的老百姓，和老百姓一起把最基本的事情做好，对责任心和知识都不缺的孔子而言，还是可以做到的。加上孔子在"乡党"面前，很腼腆，不知道说假话空话，"非常恭顺"，甚至一副"好像不能说话的样子"[2]，故情愿多做事，转移在乡里乡亲面前的拘谨，所以大可相信，孔子很会做官造福于民。只是没想到，一年后，孔子便被调走，升为鲁国司空。

中都老百姓得知孔子要离去，纷纷前往邑署挽留，官命难

---

[1] 王国轩等：《孔子家语》，中华书局，2016年，第2页。
[2] 杨伯峻：《论语译注》，中华书局，1980年，第58页。

违留不住，老百姓"不得已求孔子脱鞋留念，此鞋复制品直到'七七事变'前还被陈列于县民众教育馆"，教化恩泽地方长达千年。孔子也担心，继任者不会用心造福于民，便把老实可靠的学生伯牛，推荐为中都宰。伯牛到任后，"秉承师教，孜孜勤勉于政，直到病死任所"。①《论语》中也有记载，伯牛积劳成疾，临死前病得不成人样，不让老师进屋看他，子路也不让老师进屋，以免加重老师伤心。最后只让老师从窗户伸手进去，握住伯牛的手，老师连连悲叹："活不了了，这是命啊！这么好的人，得这样的病！这么好的人，得这样的病！"②教书匠祖师爷和其学生的深厚情谊，以及他们在乱世奋力造福于民的仁政功德，都被淹没了。由此再来看二十世纪初那些年纪轻轻的留洋"哲学博士""现代学者"，说孔子的这句话不行，那句话也没意思，都不是哲学，也没有现代思想，甚至还说孔子为"专制"提供工具，真是无知，不自量力——如此无知轻浮，能做出什么利国利民的大学问，造福一方百姓的仁政行动与功德，更是一点没有。

书归正传，回到公元前500年，孔子升司空。由此需指出的是，自鲁襄公起，孟孙氏"世为鲁司空"。其他孔子将接触的鲁国最高官员，也顺便提一下，势力最大的季氏，"子孙世为司徒"，其次叔孙氏，"世为鲁司马"，再次，地位仅次于三桓的臧氏，"世为鲁司寇"。③据此官制情况，可以看出大概是孟孙氏推荐了孔子任司空，且不可能取代孟孙氏世袭之，而是给孟孙氏做助手，实

---

① 何树瀛：《孔子宰中都考评》，《孔子研究》1994年第3期。
② 杨伯峻：《论语译注》，中华书局，1980年，第58页。
③ 赵晓斌：《春秋官制研究》，浙江大学博士论文，2009年，第147—148页。

际是"小司空"或今人所谓的副司空，致使孔子还不如之前主政一方，可以大显身手。也许是季氏担心孔子在地方做大，便叫孟孙氏把孔子搁到"中央"来。孟孙氏正好需要孔子壮大自己。情况很复杂，说不清，又缺史料，包括孔子做司空后，有何行动与政绩，也没史料。

史料记载仅能看到，同一年，孔子"由司空为大司寇"。[①] 孔子像被拉去乘电梯，什么也不用做，便升上去了。且有个"大"字，表明这一年臧氏已衰败，让出司寇之位给孔子，保留公族身份与封地。但孔子仅有正卿级官位及鲁国司法大权，也已破纪录了。之前，三桓及臧氏等"姬姓公族几乎囊括了鲁国公室的所有高级职位，直到春秋末年孔子任司寇，佐定公，才始开异姓掌政之先例。通常情况下，异姓庶族只能担任家臣或邑宰一类中低级职位。如孔子之父叔梁纥曾为陬邑大夫"[②]。

叔梁纥泉下若有知，看到儿子竟能位列正卿，与三桓一起在鲁国公室开会，恐怕要老泪纵横。孔子呢，则或许会想到自己十六七岁时，无论如何也要认祖归宗，然后感慨自己到底有做大官的命，终于可以在曾让他看不到希望的乱世大干一场。学生也跟着高兴，等待他们的至少将是家臣或邑宰，虽属中低级官职，但终究也可以显著翻身，干一番事业。像当时已二十二岁的二期学生高柴，便跃跃欲试，希望老师推荐他去做家臣或邑宰。

甚至和高柴一样大的颜渊，看上去虽仍是天天看书，对做官

---

① 司马迁：《史记》，江苏古籍出版社，2002年，第419页。
② 赵晓斌：《春秋官制研究》，浙江大学博士论文，2009年，第151页。

无兴趣,"似乎很超脱",但他实际上也有"从事政治活动的热切愿望","辅佐圣主明君,冀图达到和乃师一样的理想社会"。[①] 只不过,被大夫们看中的不是颜渊,而是子贡、子路。

如叔孙氏族长叔孙武叔看中子贡,甚至还在朝堂对大夫说"子贡贤于仲尼"。话传到子贡这,他立即出来澄清,说自己如果是围墙,只有肩膀高,谁都可以看到里面的房子,老师则是"数仞"高墙,一仞七尺,"数仞"形容孔子如六七米之高墙,根本看不见其里面的"宗庙之美"。[②] 子贡能言善道,难怪会被外面大夫看中。

孟孙氏、季氏看中的则是子路。孟孙氏新族长孟武伯便来问孔子,子路怎么样,孔子说子路"千乘之国,可使治其赋也",但"不知其仁也"[③],意思是子路能力很强,替你们这些大夫去收税,一点问题没有,但最好别来要他。孔子要把子路留在身边。子路也这么想,老师做官前,做官后,都跟着老师做保镖。老师叫他去做季氏宰,替他开路,子路才去工作。即使老师下台了,子路仍跟着。

下台前,孔子在司寇位上,狠干了几件大事。他像是知道自己肯定会下台,有点抓紧干几件大事的意思。先是齐国看到鲁国重用孔子,担心齐国危险,故主动提出修好,双方商定在夹谷会盟。鲁国一方,由孔子主持,他准备教训一下齐国,并收回被占土地。

会盟前,孔子改变单纯以礼为本的老主张,在夹谷四周安排

---

① 骆承烈:《议颜回》,《郑州大学学报(哲学社会科学版)》1981年第1期。
② 杨伯峻:《论语译注》,中华书局,1980年,第204页。
③ 同上,第44页。

"武备"。景公和晏子也不是省油灯，想占上风，故会面时，让手下先安排夷狄乐曲羞辱鲁国和孔子。孔子见了，怒目看向景公和晏子。"景公心怍"，命乐队撤掉。接着，齐国又按拟好的节目单，献上"优倡侏儒为戏"，孔子马上还以颜色，"匹夫而营惑诸侯者当诛"。齐国设计的节目单，尽是小人之心，必然被坦荡的孔子看出，全是失礼。加上武备又缺，听到孔子的豁命喝斥，只好将优倡侏儒全部斩杀。可怜了那些唱戏的优倡侏儒。

礼节道义均输的齐国最后归还所占土地，向鲁国赔罪。景公只有骂自己的手下，推脱无知与责任：

> 鲁以君子之道辅其君，而子独以夷狄之道教寡人，使得罪于鲁君，为之奈何？①

夹谷四周的军队都不用动。仅孔子身边的子路，估计就把怕死的景公吓得要命。如果乐曲和表演之类的计谋是晏子出的，则晏子和孔子比，真是差远了，难怪他只能赢得孔子同情，当时活人，孔子真正欣赏的是子产。

二

夹谷会盟，让齐鲁乃至其他诸侯知道了孔子的厉害。之后孔

---

① 司马迁：《史记》，江苏古籍出版社，2002 年，第 420 页。

子开始着手另一件狠事，绕过三桓，直接向鲁定公建议"隳三都"，拆除三桓在各自封地老巢违章背礼修建的超高大城墙。墙，在当时是很严重的问题，子贡都知道以墙做比喻，大夫们喜欢听。孔子认为"城过百雉，国之害也"①，三桓的城墙则超过了三百雉，可随时进攻鲁国诸侯和其他大夫，诸侯和其他大夫却无法攻进三桓老巢。所以孔子先从拆墙入手，消灭长期引发国政紊乱的三桓势力，尤其要将季氏及其家臣一锅端掉。鲁定公不用出面，坐等其成便可。

此等为国为民除害的狠事，当时只有教书匠祖师爷孔子能想，敢想，晏子不用提，连孔子敬重的"义兄"子产都想不出。更可见，孔子绝非只徒做大官，而是做好了战斗准备一般，要在春秋乱世为天下太平打出一线生机。

大司寇正好管司法，拆墙过程中，遇到顽固抗拒，可以抓人。如果像景公那样，触怒了孔子，甚至可以直接诛杀。问题是谁到现场执行拆墙？对此问题，孔子不难拿出对策。他推荐阳虎见了也会怕的子路去做季氏宰。季氏族长季桓子也为得到子路高兴——他不知道子路去是要拆他的墙。如此，最难拆的季氏费邑城墙，便有最得力的干将去拆。叔孙氏在郈邑修的城墙，以及孟孙氏在郕邑修的城墙，相对好拆，让跃跃欲试的高柴去现场盯着便可。实在不行，还有子路，子路是拆墙总负责人。由此又可见能有子路这样的学生，孔子实在幸运。

鲁定公十三年，即公元前497年，拆墙正式启动。叔孙氏那

---

① 杨伯峻：《春秋左传注（修订本）》，中华书局，1990年，第11页。

边最容易，族长叔孙武叔年龄小，连子贡都怕，很快同意拆。叔孙武叔从此和孔子结仇，到处诋毁孔子。子贡听到了，又去劝他不要这样说：

> 仲尼不可毁也。他人之贤者，丘陵也，犹可逾也；仲尼，日月也，无得而逾焉。人虽欲自绝，其何伤于日月乎？多见其不知量也。①

子贡很生气，故说得狠：当时的贤者也不过是丘陵，一跨就过，我老师是日月，你叔孙武叔这样的，贤者都不算，就不要自不量力了，你的诋毁，毁不了我老师，只会毁了自己。

叔孙武叔的墙被拆了后，孔子安排高柴去做郈邑宰，似乎觉得不用派子贡出马，叫高柴去看着叔孙武叔就够了。高柴也像死去的伯牛那样，不辱师教，努力把郈邑管理好。最难办的季氏那边，竟然也顺利，同意拆。难道是因为季桓子怕子路，或者费邑被公山不狃占领了，能拆掉反而好，等于让公山不狃没有藏身之地。所以真正的麻烦是公山不狃，即孔子几年前急得差点为其效力的另一位季氏造反家臣。

得知墙要被拆，公山不狃坐不住了，决定先发制人，领兵攻打都城。因为没有想到公山不狃如此大胆，竟突然将造反升级为攻打国君，所以孔子没有提前准备。公山不狃一路势如破竹，将鲁定公、孔子等逼到了季氏家的高台上。至此孔子才开始冷静下

---

① 杨伯峻：《论语译注》，中华书局，1980年，第205页。

来，教子路、冉有组织反击。日后将看到，冉有打仗也很勇敢，所以孔子绝非像后期不少大儒那样，只培养坐而论道、临死自杀殉君之人——这已经不错了。

反击组织起来后，公山不狃便溃不成军，兵败逃往吴国。费邑收回，拆墙又可以按计划进行。季桓子在公山不狃被击溃后，更无话可说。只剩孟孙氏还未解决，且最不好解决，拖了很长时间。故不妨先说一下，任大司寇第二年，孔子又"由大司寇行摄相事"，即代理宰相，可以主持鲁国各项政务。孔子很高兴，下班回来，还在学生面前露出了"喜色"。学生也乐呵呵调侃老师，老师以前教过我们："君子祸至不惧，福至不喜。"①

学生是谁，老师教的话，记得这么清楚，司马迁没有说。《孔子家语》说是子路，这话简单，子路还能记住，有可能是子路的调侃。无论是谁，都可以表明，孔子的师生关系非常好：老师都做宰相了，学生还敢如此开玩笑。孔子呢，则依旧在学生面前收放自如。他马上说：不记得了吗？我以前还教过你们，君子"乐其以贵下人"②，以前只是教你们空言，现在有机会去亲自体验，什么样叫作居高位礼贤下士。我高兴的是这个，不是做宰相了，懂吗？

师生关系好，也让孔子做了宰相，仍可以随时收获教学乐趣。兴起时随便扯一句，便能扯出学生始料未及的大道理。边上的颜渊看到，又要不禁感慨：夫子"循循然善诱人"，"仰之弥高，钻

---

① 司马迁：《史记》，江苏古籍出版社，2002年，第420页。
② 同上。

之弥坚,瞻之在前,忽焉在后"。但学生或许不知,他们老师做宰相后,酝酿的第一件大事竟是"诛鲁大夫乱政者少正卯",而方式非常激烈,跟少正卯有不共戴天之仇似的,"戮之于两观之下,尸于朝三日"。代理宰相才七天,孔子便制造了堪称骇人惊闻的诛杀少正卯事件。连子贡也觉得老师不正常,跑去问老师这样做失策了吧。孔子解释说,少正卯结党营私、妖言惑众,"乃人之奸雄,有不可以不除",并要广而告之,杀一儆百,让其他类似奸雄收敛改正。① 阳虎、公山不狃逃走了,要是能抓住,孔子肯定也将他们诛杀,暴尸三日。在孔子看来,这些都是祸国殃民顽固不化者,只能诛之。

同时也可以看出,孔子的确想趁在位,有权,多干几件纠正乱世的猛事。但有的事,能干成,有的则心有余而力不足。干不成的事,正是隳三都。季氏、叔孙氏都搞定了,孟孙氏却拖着不拆。理由也很充分,自己的老巢郕邑毗邻齐国,拆了高墙,齐国打来怎么防。又说和季氏有家臣造反一样,他的老巢也被家臣公敛处父占领了,公敛处父不听。就这样,拆不下去。去打,公敛处父曾击溃阳虎,孔子军力不够,不一定能打赢。

还有更大的困境,孔子在意的,隳三都、礼乐、民生等,鲁国那些大夫都不在意,除非把人全换了。而且关键时候,齐国那边,怕鲁国统一强大起来,也一直在想办法破坏孔子改革,最好把孔子赶出鲁国。结果正是这样,齐景公发挥其擅长,选了八十名美女,还有三十辆装满礼物的豪华马车,送给了鲁定公及季

---

① 王国轩等:《孔子家语》,中华书局,2016年,第11页。

桓子，还故意先停放在鲁国城门口，让鲁国人都来看，扰乱鲁国人心。

季桓子想去看，但还怕被孔子看到，便"微服往观"，且每天都去，班也不上了。子路看到了，替老师感到绝望，对老师说："夫子可以行矣。"① 不跟他们玩了。但夫子说：再等等吧，明天就是郊祀，结束后会分肉给大夫。郊祀，是国之大事，如果季桓子都玩忘了，我们就走。第二天，没有收到肉，孔子觉得没希望了，又是白忙一场，随之负气出走。

师己特意来送，对孔子说，"夫子则非罪"，意思是说，先生没有错，别生气。师己是鲁国乐师，所以孔子说：我唱首歌给你吧。歌词尽是悲愤，大意是说，家国要"死败"了，死败就死败吧，我从此也可以"优哉游哉，维以卒岁"。② 一贯勇猛刚强的孔子突然老了，心境从此也变得比以往慈悲。师己回去，把孔子唱的歌告诉季桓子。想不到季桓子竟然会后悔，后悔没有听孔子的话，沉迷享乐，中了齐国诡计。但悔之已晚，这些人，太让孔子失望，连弟子子路，都不准老师再为他们操心。

三

毕竟是自己的母国，孔子离去前，没有狠到彻底斩断，他让

---

① 司马迁：《史记》，江苏古籍出版社，2002年，第421页。
② 同上。

冉雍接替子路做季氏宰,留在鲁国。本来就不想继续做的子路,随之更可以跟随老师一起走,只是谁也想不到,从此一去,竟开启了长达十四年的流浪漂泊岁月。

他们的曲阜名校也因校长离去,解散了。但学生还在,而且第三、第四期新生,也进来了,大都比孔子小四十几岁,包括子张、子夏、曾子、子游、樊迟、有若等。实际孔子代理宰相时,他们可能就来拜师上学了。那句著名的"学而优则仕"就是子夏被录取后,一激动说出来的,表达了许多同学的想法,跟着老师学,学好了可以做官。同学纷纷认可之余,忘了前面还有一句——"仕而优则学",即做大官了更要学习。或者,同学们觉得这话是夸老师的,他们记住后面那句就好。

很多年后,这些晚进弟子聚会。有的如子夏,自己都做老师有学生了。子夏仍很活跃喜欢说,他跟孔子学得很好,甚至知道老师不反对教谋生技能,后来做大事才不教,所谓"虽小道,必有可观者焉;致远恐泥,是以君子不为也"[①]。子夏因初为人师,兴奋,又围绕如何学习、交友以及什么是君子,说了很多。子游好不容易抢到发言机会,立即调侃,子夏教学生做点打扫卫生、接待人的琐事,还是可以的,老师的君子仁道,他是教不了的。

后进来的学生中,樊迟比较特殊,也不知道是笨,还是太聪明,故意逗老师玩。他刚来时,想跟孔子学种地,孔子让他去跟老农学。接着,樊迟又问老师教不教种菜,孔子一下子火了,骂樊迟没出息,该回去做个普通老百姓——"小人",然后又是一顿

---

① 杨伯峻:《论语译注》,中华书局,1980年,第200页。

唠叨训斥，君子要学的是礼乐，干大事，用不着直接种地，还要学生记住，从"诗三百"读起。

樊迟可能是真笨，不知道老师不教这些，早期即使教谋生技能，也是司仪、财会、仓库管理等到大夫家里打工的职业技能。要不就是子路故意安排的，让这个傻乎乎的小师弟去问笨问题，让老师爆发一下教书匠的老本行活力，唠叨唠叨，训训弟子，总能高兴些。

说到子路了，不妨顺便再提下，晚进学生中，有一位性格像子路的，他就是子张，所以他能说出"士见危致命"，"执德不弘，信道不笃，焉能为有？焉能为亡？"①，意思是，看到危险决不退缩，豁出性命也可以；道德不坚强，立场不稳定，这样的人有他不多，没他不少。这些话，都说到子路心里去了。孔子听了，也高兴，说不定还会和子路说，看到了吧，好像来了个小子路。

之所以要提一下晚进这些有名字的学生，一来必须提，二来也是为了指出，孔子的学生缘分好，一茬茬学生，该有的类型都有，谁像子路，谁像颜渊，谁像子贡，活跃、木讷、喜欢学习、不喜欢学习等。谁毕业了，缺了哪种类型，总会有同款新生补上。关键就是老师用心了解，对各类学生都操心。再有就是这些点到名字的晚进学生，或许也跟老师一起去流浪了，否则他们怎么在《论语》里请教这个，请教那个。像子游，跟谁学，能学成日后去做武城县长？当然，他们能一直跟随，品行肯定也能得到子路认可。不然，子路会撵走他。写到这，又要感慨，教书匠祖师爷当

---

① 杨伯峻：《论语译注》，中华书局，1980年，第199页。

初能有本事降伏子路，实在太重要了。

老弟子、新学生，加在一起应该至少有十几个。再宽泛点，家里条件好的，不愿待在家里情愿赞助点经费，跟着游学玩的，可能有几十个。坚持不下去的，可以回去，因为孔子没有毕业考试和文凭可发，全都凭自愿。来混的，提前退出了，也可以到外面说，自己是孔子的学生。所以人最初不会少，就这样一路人马，开始了流浪教学，或美其名曰自动生成的"综合实践活动"。

点到名的新老弟子，有时也会离开，那是因为没有办法，父母去世，必须去守孝。像子夏，就因父母去世离去，但三年孝满，无论老师流浪到哪了，都会立刻赶去报到。孔子看着自己三年未见的好学生，无比欣慰、高兴，还要考考弟子文化课有没有荒废，子夏报到归队，便让他弹琴。子夏也懂老师始终认为，音乐是最好的文化课，最能激活培养和谐美好的心灵，所以认真弹给老师听。

听完子夏弹琴，孔子眼眶也湿润了，子路也跟着抹眼泪，然后拍拍子夏的肩膀说：师弟好样的，没给老师丢脸。不仅孝顺，琴也弹得比我好。第一期老弟子，话不多的闵子骞，也曾因遇到三年丧期离开，结束赶回来后，第一件事照样是弹琴，然后孔子又要欣慰、高兴，眼眶湿润。新老两位弟子弹完琴，老师给的评价都是"君子也"。[1] 言外之意，他们都"成于乐"了，可以毕业不必再来学了，但他们仍都赶来了。教书匠祖师爷实在没的说，到底是祖师爷，做起流浪教学，也是史无前例，堪称中国教育史

[1] 王锳等：《说苑全译》，贵州人民出版社，1992年，第842页。

上的首次长征：子路、闵子骞、颜渊、冉有、子张、子夏等一群新老学生，让老师坐车上，他们背着刻有诗书的竹简和粮食，奔走在中原大地上，为天下太平继续寻找实践机会。起点是山东曲阜，第一站是去卫国，今河南淇县、濮阳一带。

没有高铁，走了很多天，粮食吃掉不少，才抵达了第一站，即卫国都城朝歌。子路做了孔子学生后，娶了颜家庄女子为妻，他的大舅子颜浊邹在卫国，故孔子一行住进了颜浊邹家里。进入卫国境内时，看到卫国人口多，孔子曾感叹"庶矣哉！"执鞭给老师驾车的冉有随即提问，他知道老师喜欢学生提问，从而有了流浪路上的第一场教学，如《论语》所记：

冉有曰：既庶矣，又何加焉？曰：富之。曰：既富矣，又何加焉？曰：教之。①

后世学者从孔子这段教学挖掘出很多重大思想，但这里仅需感受孔子心情不错，想在卫国继续追求教育大业。孔子也因此再度遭遇不惑以来一直无法回避的难题：想干大事，起码要争取到诸侯赏识，具体到这次，便是必须获得卫灵公接见与重用。

初为人师时，孔子曾教学生"不患人之不己知，患不知人也"。说的没错，单纯教怎么做人，是可以说要先去了解别人。但到社会上，真正遭遇需要被人重用时，这类单纯教育便派不上用场了。能派上用场的是孔子的奋斗经历，以他之前的奋斗经历及

---

① 杨伯峻：《论语译注》，中华书局，1980年，第137页。

影响，卫灵公不难知道他来卫国了。卫灵公对大人物到来很敏感，孔子必将被卫灵公召见。

卫灵公直接问孔子，鲁国给多少俸禄，孔子答六万粟米。卫灵公随即照给。但之后烂事又来了，其他大夫说坏话。卫灵公开始怀疑孔子是鲁国派来的奸细，还派人监视孔子。孔子担心引发不必要的祸事，决定离去，前后在卫国只待了十个月。第一段流浪结束，什么事情也没有干成，载入史册的教育作为，只有回答弟子冉有提问：人多富裕了之后，怎么办？

四

师生收拾行装，朝陈国走去，都是些中小诸侯。看来读《周易》，文王弹丸之地起家，对孔子影响颇大。考验也一样多，就是还没有学会推演变化，无法提前算到前路有何遭遇。路过匡邑时，匡人以为是阳虎来了，又是阳虎。阳虎曾攻打过匡邑，孔子在匡人眼里，竟长得像阳虎，匡人因此把孔子一行人围困起来。

颜渊体育不好，没跟上，落在了后面。孔子心急如焚。被围了五天，颜渊才赶到，被匡人放了进来。心急如焚的孔子对颜渊说，"吾以汝为死矣"，颜渊知道老师担心，立刻回答："子在，回何敢死！"[1] 老师都没死，学生怎么能先死！师生感情从此更深，堪称孔子流浪之初最大的收获。

---

[1] 司马迁：《史记》，江苏古籍出版社，2002年，第421页。

颜渊到来，还有另外一种效果，使匡人怀疑有援兵，便加紧了围困。司马迁说，弟子们害怕起来，就孔子坚信不会死，还说文王死后，"斯文"将由他来传递，他还没开始传，所以不会死。如第五章将叙，孔子此时自己也没有搞懂他说的"斯文"到底是什么，只是那么一说，让弟子们镇定，害苦了今日许多学者去解读"斯文"到底是什么。司马迁则什么也没有展开写，连弟子们听了有何反应，也只字未提，仅记载孔子说完，便派人去卫国。大概他把子路留在卫国看情况，让子路来救援。

然后匡人便不围了。可能匡人发现，被围的根本不是阳虎，就解围了。反正双方都是稀里糊涂，虚惊一场。

之后，孔子又返回卫国，住进了大夫蘧伯玉家里。或许子路去活动，找到了贤大夫蘧伯玉帮忙，让卫灵公明白了，孔子不是鲁国派来的奸细。重返卫国后，孔子和卫灵公有了正常交往。然而跳出个卫灵公夫人，即著名的南子，指名道姓要见孔子。似乎因为南子要见，卫灵公才让孔子在卫国待下来。

寄人篱下，盛意难违，孔子去见了。相比弟子们听孔子的"斯文"鼓劲，司马迁对此事的兴致显然更高，对孔子"不得已而见之"，特地写了段稍长的话，如下：

夫人在絺帷中，孔子入门，北面稽首。夫人自帷中再拜，环佩玉声璆然。孔子曰："吾乡为弗见，见之礼答焉。"[1]

---

[1] 司马迁：《史记》，江苏古籍出版社，2002年，第421—422页。

绤帷，稽首，玉声，人言，司马迁写得有声有色，优美干净。末尾那句话，是孔子对子路说，他就是以礼敬之，彼此秋毫无犯。但子路仍"不悦"，孔子只好在老弟子面前，对天起誓，要是做了什么非礼之事，天诛地灭。子路这才饶过老师。师徒父子，情深如此。任何对老师不利的事，子路总是阻止。人言可畏，外面流言蜚语够多了，还要去。但孔子也没办法，吃人家的饭，不去拜见一下，礼节上实在说不过去。

见南子，可能是孔子一生遭遇的最大礼节处理难题。其礼言礼行及干净心思，给弟子们上了一课，弟子们看到了活生生的什么叫"思无邪"。包括南子可能也如此，不过想看看另一个天涯沦落人，为何老了仍没个归处。或如刘勃推测南子有"政治上的考虑"，因为太子蒯聩被她逼得流亡晋国，早晚要和晋国达成相互利用，杀回来，所以南子想孔子帮他。[1] 这倒可能（尽管孔子不大会答应），比后世一些文人只顾把南子想得不堪，有了解和同情。

值得做些延伸的是，民国时也曾有许多人对见南子很感兴趣。1928年，林语堂还写了话剧《子见南子》，然后曲阜的山东省立第二师范学校的学子们把它搬上了舞台，结果如鲁迅所言，"惹起孔氏族人反对，向教育部呈控该校校长宋还吾。工商部长孔祥熙亦嘱严办。教育部……赴曲阜调查结果，毫无实证，……孔祥熙……过济时，对此事仍主严究"[2]。

看林语堂的剧本，显然自作聪明，幽默过度，上来就写孔子

---

[1] 刘勃：《飙瓜：读〈史记·孔子世家〉》，百花文艺出版社，2021年，第185页。
[2] 鲁迅：《关于〈子见南子〉》，《语丝》1929年第24期。

向蘧伯玉、子路打听，"夫人几岁了？""夫人很当权了？""夫人喜欢说话吗？"更胆大夸张的是，之后林语堂还改编孔子赠予师己的歌词——"妇人之谒，可以……宿足"（剧本台词原文如此，"……"是为延时，以吊观众胃口）。① 这些过度幽默的台词，毫无司马迁笔下的高贵优美干净，只有俗子油腻声色。孔子尤其子路见了，定要拔剑斩之。什么部长及主席，在孔子眼里，同样不会比三桓好到哪去。但这些，擅长幽默加工《论语》的林语堂不写，很聪明。

二师新青年学子则天真，视剧本为"反礼教"的艺术杰作。校长选择支持学生，说"本校排演此剧者，在使观众明了礼教与艺术之冲突，在艺术中，取人生真义"②，也都是当时流行的抽象概念或朦胧想法。

从知识考古学角度看，轩然大波便由反礼教、现代艺术、人生真义等流行概念引发。二师学子大可以好好琢磨一下司马迁的叙事，同时去弄清和"礼教"不同的"人生真义"究竟是什么，努力学会其憧憬的现代"艺术"创作，然后搁置礼教，就以现代艺术创作，表达人生新真义。如果是这样，可能就没时间，也没有必要，仅为宣传流行抽象概念与朦胧想法，去排演《子见南子》话剧。但二师学子也没办法，那时的老师们也创作不出什么现代艺术，哪里能埋头以现代艺术创作表达人生新真义？

部长和主席那边，脑子里打转的同样是抽象概念，"圣人""辱

---

① 林语堂：《子见南子》，《奔流》1928年第6期。
② 史梯耳：《小题大做》，《语丝》1929年第24期。

圣""严办"等,又有权力严办。最麻烦的当是省教育厅,夹在部长、主席与学生彼此冲突的抽象概念与想法之间,两边都不好得罪。最后,屁股决定大脑,到暑假时,趁学生大都回家了,发令将校长撤职。结果如意算盘还是落空,又引发学生"大为愤激",决定派代表去济南,要求教育厅收回成命。教育厅为了向部长、主席交差,已将撤职令"通电全国"①,哪里收得回呢?

反礼教、现代艺术、人生真义等流行抽象概念,以及它们激起的无处安放的天真热情,还有另一方的愤怒与严办,竟能引发如此复杂的难局。且不说1928年时,中国社会最需要解决的问题,根本不是反礼教或艺术的人生真义,仅就概念引发的难局本身而言,孔子见了,也不知如何处理。他除了认为从剧本开始就属吃饱了撑的,只能主动辞职,不屈从任何一方的概念,更不会为了让部长满意,糊弄天真学生。教书匠祖师爷,可以也必须如此勇猛,否则怎可能打下教书匠这个社会认可的职业?怎可能做教书匠祖师爷?

但孔子也不会因勇猛,主动去找莫须有的麻烦,他的教育是要自己和大家都做事。和"五四"以来流行反礼教、自由、现代艺术、人生真义等概念相类似,孔子所处的年代也有诸多流行概念,仁、性、神、鬼之类的,但他不愿以概念来建构抽象的文化课教学,他更喜欢就事论事,能把具体事情搞清,能做好管账、祭祀、弹琴、孝敬父母、勤政爱民、见义勇为等这些事。做好这些事,都是仁道。或至少不去作乱,祸国殃民,也不错了。此即

---

① 佚名:《山东二师校长宋还吾撤职》,《民国日报》1929年8月9日。

孔子所谓"我欲载之空言，不如见之于行事之深切著明也"[1]。

也因为清楚自己必须做什么事，所以孔子重返卫国后，认为还是必须走人。看看卫灵公为孔子安排的事，那叫什么事：卫灵公和南子坐在前面一辆车上，让孔子坐在后面车上，之后是一大队人马，就这样"招摇过市"，诏告天下，孔子来卫国效力了，卫国不仅有面子，而且马上要强大起来了。孔子直叹，世上竟有卫灵公这样的人，不以勤政爱民修仁德之政，就喜欢搞游街之类花里胡哨的东西，所以评价他"吾未见好德如好色者也"[2]。孔子只有和蘧伯玉告别，二度离开卫国，仍是什么事也没有干成，除了身陷匡人围困绝境，突然增强了生命力，体验了一把认为自己无论流浪到哪，遇到什么危险，都不会死。

五

卫灵公拉孔子一起去游街，"招摇过市"期间，传来了鲁定公去世的消息。定公是昭公的弟弟，本无需即位，是被季氏硬立的。孔子在鲁国时，定公还有指望。孔子离去后，定公只能苦撑，苦撑到在位第十五年，终于得以解脱，享年六十二岁。

定公去世前，曹国国君郲隐公来朝见。子贡曾到现场观摩礼仪，大概是孔子派去的，以进一步锻炼其外交能力。看到郲隐公

---

[1] 司马迁：《史记》，江苏古籍出版社，2002年，第996页。
[2] 同上，第422页。

"执玉高，其容仰"，鲁定公"受玉卑，其容俯"，全乱套了，子贡直接说"以礼观之，二君者，皆有死亡焉"，还特别告诉定公"君为主，其先亡乎"。子贡在孔子教导下成了礼学高手，竟能透过礼看出生死。朝见是在春天，到夏天，鲁定公便去世了。孔子悲叹，定公的命，被子贡"不幸而言中"。[①] 悲叹之余，孔子可能还会想起，定公曾支持堕三都，进而感到惋惜：事没做成，人却先走了。唉，定公大概是身体不行了，有什么办法！孔子伤感惋惜之余，也没其他办法。他自己也只能靠生命力强，朝下一站宋国即自己的祖先之国走去。能有何结果，不知道，或许又仅是锻炼增强生命力。

去宋国要经过曹国，走到曹国时，孔子看到参天大树，一时兴起，叫弟子们停下，到大树下休息，顺便上堂课，复习一下以前教的礼仪，毕竟祖先之国也是礼仪之邦，不可等闲视之。没想到课没上完，宋国司马桓魋带兵突然冲来，说要杀了孔子。孔子再次陷入无厘头的绝境。难怪初为人师时，只信事在人为的他，会越来越留意测算天命。类似这种自己都搞不清的无缘无故的厄运，不止一次发生，不去跟文王学算命，不去推演各种吉凶，都不行。

司马迁也不知道桓魋为何要杀孔子，而且没有真杀，只把孔子用来上课的大树砍倒，就撤走了。极其莫名其妙，难道按当时风俗，把大树砍了，就等于报仇了？那他和孔子有什么仇？都是一头雾水。孔子再次遭遇莫名其妙的虚惊一场，弟子们看见桓魋

---

① 杨伯峻：《春秋左传注（修订本）》，中华书局，1990年，第 1600—1601 页。

走了，催促老师赶快走，"可以速矣"。老师死中得活，很高兴，果然是不会死，然后说了句千古名言：

天生德于予，桓魋其如予何？①

桓魋能奈我何？这话相当于老爷子挺牛，很高兴，弟子们跟着哈哈笑，就过去了。

接下来便是老天让孔子和学生走散了，原因不明，反正迷路了，该往东走的，变成往西南了。结果走到城门口，孔子抬头一看，竟是郑国。看来，流浪真是充满意想不到的神奇。

老师不见了，一帮弟子只好派能言善道的子贡去打听。打听到郑国城门附近，终于打听到了。然后有了导言里提到的"丧家之狗"典故。孔子又很高兴，讲得好，丧家之狗，正是如此！然后孔子想，反正无家可归，四处流浪，宋国便不去了，眼前的郑国也不进去，去陈国。于是师生一行人住进了陈国的司城贞子家，位于今天河南周口淮阳一带，类似本来应该从郑州往东去宋国，临时改成往东南去陈国，而且没走错。

司城是大夫的官名，管什么不清楚，贞子则可能是谥号。总之是一位陈国大夫，符合孔子应有的联络对象。司城贞子待孔子很好，让孔子在家里住了一年多，或许也为孔子住其家里感到高兴，但孔子却很难受，干不成事情。只看到颜渊体谅老师，终于主动问问题——如何"为邦"（治理国家），对音乐很敏感的孔子

---

① 司马迁:《史记》，江苏古籍出版社，2002年，第522页。

100　孔子的教师生涯

随后批评，大街上到处都是"郑声"，即郑国传来的流行音乐，要学生牢记"放郑声，远佞人"①，一定要听《韶》《舞》等古典乐。看来在陈国时，孔子很想听韶乐，但听不到。颜渊也没办法弄来韶乐给老师听，只能提提问，让老师说说话，过过教书老本行瘾。患难师生情谊，仍是深厚如此。

时，天下更加大乱，晋国开始攻打宋国，楚国开始攻打蔡国，陈国则被吴国攻打，后吴国又被越国偷袭。孔子在这种大乱氛围中，竟在陈国住了三年。即将迎来"六十耳顺"，大概是孔子最大的教育收获，具体讲就是外界再怎么乱，都随他们去了，他自己就干自己该做的事，安心等待机会尽自己的天命，所以逐渐进入耳顺的背后，可能还有干坐了三年，坐不住，不得不勉励自己在外界乱象中继续安心等待——耳边传来的都是诸侯们打来打去，不来请教，不耳顺，有什么办法？但实际，耳顺不下来。

仅有的一次请教来自陈湣公，请教什么呢？湣公看到有只隼，被一尺八寸长的箭射死在宫里，把孔子召去问，隼是什么隼，箭是什么箭。湣公可能也不知道是隼，反正就问，对这些事挺好学。孔子寄人篱下，还得耐心回答，先说隼是从很远的地方飞来的，然后讲武王伐纣以来的许多相关历史，最后说当初夷狄进贡的箭，武王也有分赏给陈国。湣公派人到库房里找，"果得之"。② 孔子的西周历史文化知识可以让湣公震惊，无奈湣公佩服完，就不学了。但聊胜于无，流浪以来，孔子好歹曾给诸侯上过一次像样的

---

① 杨伯峻：《论语译注》，中华书局，1980年，第164页。
② 司马迁：《史记》，江苏古籍出版社，2002年，第422页。

课，教过一些动物学和西周历史知识碎片，比被卫灵公拉去游街强多了。

马上六十了，面对这些乱七八糟的诸侯，教书匠祖师爷只能勉励自己耳顺。不久，晋国来打陈国，孔子说：打吧，耳朵都听厌了，随便你们折腾。陈国客居岁月随之结束，孔子被诸侯们的消息逼得耳顺，勉励自己笑纳，安心等待机会，实际还是着急心烦，几年过去了，除了给陈潜公讲了点动物和历史知识，没有任何真正满意的机会，践行五十岁以来发现的天命。最辉煌的时光仍是做大司寇，在鲁国干了几件猛事。

离开陈国，如果往南走，便是楚国了。孔子没有去，他往西北方向走，西北是郑国、卫国，然后是晋国。难道孔子想去晋国找机会？如果是，路程便遥远了，要穿过卫国。然而走到卫国蒲邑时，碰到公叔氏刚好反叛卫国，占据了蒲邑，孔子随之第三次陷入绝境，被公叔氏围困在蒲邑。弟子中有个名字叫公良儒的，是孔子在陈国时新收的，且是贵族子弟，竟豁出命，保护老师突围，把蒲邑人吓倒了。蒲邑人提出和谈，只要孔子答应不去卫国，就放行。

蒲邑人以为孔子一定是去卫国，孔子呢，似乎是去晋国。旁观者搞不清楚，反正孔子马上说：行，签就签。签完，令人不可思议的是，孔子对弟子说：去卫国。子贡蒙了，问老师："盟可负耶？"[1] 合同刚签好，就可以私自撕约吗？孔子说：可以，胁迫下签的，不算。子贡学到了一招，并将来做外交派上了大用场，且

---

[1] 司马迁：《史记》，江苏古籍出版社，2002年，第422页。

双簧水平远胜于老师。

卫灵公没想到,孔子又回来了,喜出望外,竟然把接风仪式安排到了郊外,类似接待诸侯。见到孔子,卫灵公马上问:把蒲邑打下来,没问题吧?孔子说:没问题。接着,卫灵公道出实情,卫国的大夫们都不同意攻打蒲邑,孔子认为可以打下来,没有用啊。事实也是如此,把孔子接入卫国后,卫灵公便不再提攻打蒲邑。不仅如此,比孔子小十岁的卫灵公觉得自己老了,连班都不想上了,更谈不上会重用孔子。

第三次来卫国,仍是白来了。孔子只能对弟子说:

苟有用我者,期月而已可也,三年有成。①

"月"指一年,孔子连一年的机会都求不到。诸侯大夫们都只顾忙于打仗,孔子又不愿来个自我教育革命,改做军事教育。孔子其实不缺这个本事和弟子基础,但他不认为自己的命是成为军事教育大家,他就坚持以诗书礼乐等仁道教育寻求天下太平。

渴求至少给他一年时间,还表明,孔子七十岁时说,自己六十岁时进入了耳顺境界,但具体到六十岁以来的许多时候,常常还是没办法耳顺,仍会被耳边不时传来的外界消息搅得不安,同时依旧会心急,甚至更心急,流浪了这么多年,仍没有机会得到想要的天命。如此也不难理解,为何在对卫灵公绝望后,孔子突然收到中牟宰佛肸邀请,曾动心想去加入。

---

① 杨伯峻:《论语译注》,中华书局,1980年,第137页。

中牟宰只是县长，佛肸又是叛逆，刚背叛另一叛逆，即晋国新崛起的大夫赵简子，孔子竟不管，也想加入，实在是苦于没有机会，也无法耳顺。好在有子路，能阻止老师。但又无处可去，只能靠音乐排解。孔子在大马路边击磬，挑草筐的隐士路过，听出击者有心事，还说，有在抱怨没有人赏识啊。弄得孔子像遇到了知音，无法不回应，他对隐士说："果哉，末之难矣。"①意思是，讲得太对了，都没法反驳你。

　　时，孔子已近六十岁，不知退休为何物，又不满足只在学校里教诗书礼乐，教书匠祖师爷竟是常人无法想象的一个人。停不下来，怎么办？最后还是音乐，能让教书匠祖师爷年近六旬仍不得志时，找到寄托，从而可以安心继续等待机会。他跟师襄子学琴，碰到一首从未弹过的新曲子，一直学到准确体会出，能做此种琴曲的人只能是周文王。师襄子大吃一惊，立即离席起身，叩首，改拜孔子为师。然后说他的老师讲过，这首乐曲正是《文王操》。

　　文王的琴曲学完，孔子又开始着急了，想去晋国投奔赵简子，如此一来又要和阳虎做同事。他真是逃避不了阳虎，到哪都能遇上。阳虎在鲁国造反兵败后，投靠的正是赵简子。孔子朝晋国走去，走到黄河边，传来晋国两位贤大夫窦鸣犊、舜华被赵氏所害的消息。孔子再也无法继续前行，只能对着黄河，悲歌一首：

---

① 杨伯峻：《论语译注》，中华书局，1980年，第158页。

美哉水，洋洋乎！丘之不济此，命也乎！①

过不了黄河，没有机会去晋国做事，这是孔子年近六旬时发现的另一种命。子贡不明白老师为何不去。孔子解释说，两位贤大夫曾提拔赵简子，赵简子却恩将仇报。又说鸟都有仁义心，不伤害同类，赵简子连鸟都不如，不去了，不去给鸟都不如的人效力。说完，孔子还特意去了趟陬乡，今河南济源、焦作一带。在那里，孔子为贤大夫做了首《陬操》，以示悼念。

悼念完，孔子或许还曾带弟子们去黄河边走了走，那句著名的"子在川上曰：逝者如斯夫"，可能就是在这个时候说出的，以激励弟子像流向大海的黄河学习，坚信"人生之流无疑亦将朝着一个宏伟人世的出现而流去"②。尽管现实中孔子一行去不了晋国后，只能又回到一点"宏伟人世"都没有的卫国。

这次，没看到卫灵公郊外接风。孔子似乎也不想见人，一行人直接住进蘧伯玉家里，先落脚。和卫灵公有过两次鸡对鸭讲的对话之后，孔子便去了陈国。不久，卫灵公去世，阳虎奉赵简子之命，把卫国太子送回来奔丧，卫国将难逃大乱。

一年后，季桓子病重。人之将死，其言也善，或更适合的说法是，不见棺材不落泪。季桓子望着鲁国城墙，叹息一声：

昔此国几兴矣，以吾获罪于孔子，故不兴也。③

---

① 司马迁：《史记》，江苏古籍出版社，2002年，第422页。
② 井上靖：《孔子》，刘慕沙译，北京十月文艺出版社，2010年，第97页。
③ 同①。

第三章　流浪十四年

"获罪于孔子"，即季桓子当年犯傻中计，天天去看齐国送的花车女乐，不推进改革，得罪了孔子，让孔子负气出走，让鲁国中断兴盛气象。说完，季桓子还叮嘱儿子季康子：你肯定会接班执掌鲁国大权，到时不要只顾贪玩，忘了把孔子请回来。

当时的鲁国，不过就是今日山东几个县那么大，季桓子醒悟得不错，如果放手让没有私心的教书匠祖师爷教导、带领百姓治理三年，是很有可能迅速比其他只知相互打仗的诸侯更富强、更文明。更小的卫国，孔子更是可以治理好。这一点，孔子也表达过，但卫国大夫们守着各自的权力与封地，不给机会。现在，鲁国那要来机会了。季康子接班后，先是要走了冉有。孔子当时不了解季康子，同意让冉有去试试看。他说：去吧，鲁国会重用你。子贡则提醒冉有：老师老了，思乡心切，你若被重用，一定要想办法，让季康子请老师回去。

冉有归鲁后，孔子也离开卫国，南下来到陈国。接着，又去了蔡国。时为公元前490年，传来齐景公去世。景公前后在位五十八年，有足够长的时间成就大业，早年也曾立志复兴桓公霸业，但后期荒淫无度，失去初心。三十年前，曾与孔子有缘，也因身边大夫心不齐，没能给孔子三年机会。但他晚年能用美人计，把孔子逼走，让鲁国无法比齐国强大，或和齐国一起摆烂，也算是另一种"成功"。

不知景公离世前，会不会像季桓子那样，后悔没去全力支持孔子，让孔子全力助其复兴霸业。孔子呢，他对于景公离世有何感想？找不到史料，只知道过去三十年，孔子离齐国越来越远，他到底没有在齐国大展身手的命。三十年后，景公不在人世了，孔子则沦落到在蔡国这样的小国,寻找等待追求"王师"伟业的机遇。

第二年,孔子又转赴楚国叶邑,今河南叶县。叶邑宰叶公很敬重孔子,曾来问政,孔子答之曰"近者悦,远者来",即要使境内的人满意,域外的人前来投奔,这显然是文王的经验。叶公又问更具体的治理问题,说他那有个人,很直,父亲偷羊,他便把父亲告发了,这人怎么样。孔子马上告之,我们那的人和你们不一样,父亲偷羊,儿子要隐瞒,不告发,儿子偷羊,父亲同样要隐瞒。

叶公一头雾水,搞不懂自己平日崇拜的孔子,大教育家,怎么会有这种思想。于是他私下又去问和孔子接触最多的子路:你老师是什么样的人啊?子路怕说错了,没理他,而是回来报告老师,说:叶公向我打听,你是什么样的人,我没有告诉他。孔子一听,觉得子路确实不如子贡会打交道,便教子路,下次如果叶公再问,你就这样答:

其为人也,发愤忘食,乐以忘忧,不知老之将至。①

这话讲的是,虽然老了,还时常忘记吃饭,但身体仍然很好,生命力强,心态也好,只顾奋斗不止,从不觉得老。但具体想做什么事,怎么做,孔子都没有讲,即使叶公听到,还是不知道孔子到底是什么样的人,想干吗。孔子呢,可能就是想叶公多替他宣

---

① 杨伯峻:《论语译注》,中华书局,1980年,第71页。

传一下，身体和心态都很好，可以做大事，最好能宣传到楚王那里去。

但叶公没有再去问子路。孔子见没有机会，又往东走，回蔡国去。路上，孔子看到两位隐士在耕地，便叫子路去问渡口在哪。两位隐士名长沮、桀溺，反问他们是谁。得知原来是子路和孔子，不仅没有告知渡口在哪，还讽刺一通。子路回来报告情况：老师，他们说你无所不知，不需要问渡口。还说天下这么乱，你改变不了。最后他们说，你应该远离那些无道国君，跟他们一起种地，不要再到处跑，去教导什么国君了。

子路的一番如实汇报，让孔子火冒三丈，立即骂长沮、桀溺是鸟，是兽，连正是因为天下无道，所以需要他来努力改变都不懂：

鸟兽不可与同群，天下有道，丘不与易也。①

要是天下有道，他用得着到处跑寻求改变吗？渡口不问了，往前走便是。碰到这些只求自了，一点天下情怀都没有的鸟人隐士，听到他们的鸟语，孔子即使六十岁了，也没法耳顺。

蔡国隐士们呢，似乎商量好了，看见孔子，就以嘲讽孔子为乐。不久，子路不知道老师去哪了，便到路上找，又碰到一位正在田里除草的隐士，他问隐士有没有看到他老师，隐士说：你老师啊，四体不勤，五谷不分，如何算是老师呢？尽是嘲讽。子路

---

① 司马迁：《史记》，江苏古籍出版社，2002年，第422页。

找到老师后，又把情况如实汇报，孔子听完，说这人肯定是隐士。原来又是到处坏老师名声的鸟人隐士，子路很生气，掉头去找，结果隐士早跑了，不见踪影。

日子一天天过去，到蔡国三年了，孔子仍没等到机会。环顾四周，晋国想去，但没有去晋国的命，齐国、卫国、陈国等，都被没出息的大夫们把持着，去过也白去。蔡国呢，不仅没有机会，还要受鸟人隐士的气。孔子只能将目光投向南方大国楚国。之前，孔子或许因受中原文化影响，以为楚国是蛮夷之地，并没有真正了解楚国。负气离开鲁国至今，鲁国对孔子近似一直不闻不问，更没有想过请他回去，所以孔子已没有地方可去，只能留意楚国，看看楚国值不值得去。正是在这种流浪了八九年，依然无处投奔的无望迷惘处境中，孔子把希望寄托在了楚国上，进而迎来又一段仍长达近五年的异乡漂泊岁月。

六

看《左传》，可以发现，流浪陈蔡时，孔子似乎就已开始关注楚国动向。如楚昭王生病了，算命的人不知道怎么算出来的，竟把病因扯到了黄河上，说是黄河之神在作祟，大夫们于是请楚昭王祭祀黄河之神。或者这帮人想让楚昭王去占领晋国，人心难测。楚昭王倒是比大夫们和算命人知分寸，说"三代命祀，祭不越望"，意思是上古三代，就规定好了，祭祀不能越疆域，他最多只能因没做好祭祀，得罪长江、汉水等楚国的河神，哪有那么大本

第三章　流浪十四年

事，能跨域得罪黄河之神。楚昭王的这些事，孔子竟能知道，还在教学中特别告诉弟子：

楚昭王知大道矣，其不失国也，宜哉！①

夸赞完，孔子还带弟子把当初书课里的知识点复习一遍，说看看夏桀，就是得罪老天的典型，只能自取灭亡，楚昭王懂天道，他的国家不会灭亡。所以耕耘什么，就收获什么，大家都要遵从天道。听了几十年，弟子们对老师的诗书教学套路很熟悉，喜欢讲些什么，一清二楚。包括老师真正要表达的，其实是对楚王和楚国有好感，想去楚国寻求做大官的机会，弟子们也能听得出。

弟子们听得出还不够，得要楚昭王听到才管用。这是孔子的生涯发展老难题。也许因教书匠祖师爷到六十三岁时，名声太大了，连远在南方的楚昭王都知道，所以孔子竟然心想事成，真的收到了楚昭王发来的聘书。然而，陈蔡两国那些没出息的大夫又来坏事，他们凑到一起开会，一致认为：

孔子圣贤，其所刺讥，皆中诸侯之病。若用于楚，则陈、蔡危矣。②

陈蔡的大夫们还能知道，孔子骂诸侯，全都骂对了，却不舍

---

① 杨伯峻：《春秋左传注（修订本）》，中华书局，1990年，第1636页。
② 王国轩等：《孔子家语》，中华书局，2016年，第182页。

得让权给孔子，全力支持孔子教导陈蔡臣民，寻求富强，只想去破坏孔子在别国被重用，和齐国大夫们一样。看来，当时大夫们的水平普遍都是这么次。陈蔡的大夫们，更次，也不想想，楚国不用孔子，他们也会危矣。难怪阳虎、公山不狃、赵简子等奸雄、枭雄能崛起，对手水平太次了。也可见，孔子如做枭雄，早可以崛起。但他不做，他六十岁以来要学的是文王，认为文王之道，才是天下太平的康庄大道。

现在，孔子终于等来机会了，可以投奔最大的诸侯楚昭王，到楚国大展身手，他觉得自己有这个命。但就在前往楚国的路上，陈蔡的大夫们出手，将孔子围困在了陈蔡边境，今河南驻马店一带，不让孔子出境去楚国。他们也够狠的，竟然想让孔子一行人弹尽粮绝，活活饿死。

粮食很快就吃光了，开始忍饥挨饿度日。饿到第七天，师生共同体内部，爆发了从未有过的持续了十几分钟的教育认同危机。老弟子子路沉不住气，很愤怒，对老师抱怨，说老师的仁德、智慧都不够，所以诸侯大夫都不听从，落到今日都要饿死了。孔子只有好言相劝：子路啊，仁德的人就一定能让人信从，一直有饭吃吗？如果能的话，伯夷、叔齐便不会饿死在首阳山了。孔子举了很多例子，意思都是说，不是仁德不够，而是时运不济，所以即使挨饿，也要耐心等待啊。

子路说不过老师，于是把子贡叫来。子贡也有抱怨，说老师的仁道太广大了，应该降低点要求，这样人家才能听。孔子又只有好言相劝，同样语重心长：子贡啊，怎么能为了求得别人的接受，就降低自己的教育要求呢？你的志向还不够大，视野还不够

第三章　流浪十四年

长远啊。说完，孔子看了看弟子们，叫颜渊说说看。颜渊正好看不下去，准备好了要为老师辩护。颜渊说：老师的道，没有错，世人不听从，是因为诸侯大夫这些"有国者"水平太次，是他们的耻辱。

颜渊还劝老师：别为世人不听烦恼，世人越不听，越显得您是君子。孔子一听，立刻高兴起来，对颜渊说：多亏有你啊，到底还是老颜家的小子懂我，说得好啊！颜渊，将来你如果发大财了，我去给你做家臣。孔子也只有如此苦中玩笑作乐了，对颜渊说的一番话，相当于唱了首歌：

有是哉，颜氏之子！使尔多财，吾为尔宰。[1]

或许子路愤怒抱怨完，看到如父一般的老师六十多了，饿得不成样子，还在坚持为天下奔走流浪，就后悔了，后悔不该在老师最落魄倒霉的时候，还恶语伤害他。子贡也是。这次突发的教育认同危机事件，仅持续了十几分钟，便结束了。子贡抱怨完，还设法混在人群中溜了出去，拿些货物，去跟当地老百姓换点粮食。

子贡本来是卫国富商之子，很会做生意。他一路流浪，到这里或那里，看到有什么好卖的货，就进点，到另一个地方去卖。孔子也因此曾把他和颜渊比较，调侃道：

---

[1] 王国轩等：《孔子家语》，中华书局，2016年，第193页。

> 回也其庶乎，屡空。赐不受命，而货殖焉，亿则屡中。①

颜渊听话，学问多，但总是穷得要命，子贡不听话，老去做生意，却能赚大钱。孔子虽是调侃取乐，却点出了子贡流浪途中经常贩卖，也可以看出孔子并不拿学习成绩好不好、分数高不高要求所有学生，他要的是因材施教，学生各尽所长。子贡分数考不过颜渊，但会做生意，也可以。只不过，被困陈蔡时，子贡只能拿剩下的一点货物，去换回来一点粮食，只够大家吃一次。好在之后，孔子流浪途中经历的著名的"陈蔡之厄"也结束了。

一种说法认为，蔡国城门被攻破了，还有人要请孔子吃饭。原来是晋军打进来了，领兵之将"是夫子在鲁国的老友，叫阳虎"。孔子半天才缓过神，又是阳虎，随即命弟子们收拾东西，立即"继续南下，直奔叶地"。② 另一种说法是司马迁认为，孔子派子贡出去向楚国求援，"楚昭王兴师迎孔子，然后得免"。③ 尽管前一种说法也可能，且有意思，但还是司马迁的说法更可靠，符合孔子打算，补充一下时间，便可。公元前489年，孔子六十三岁，来到了楚国。

楚昭王出手大方，将七百里地封给孔子，而且是富裕的户口登记完整的"书社地"，食邑多达"一万七千五百户人家"。④ 然而，孔子在齐国时碰到的烂事又上演了，地头蛇即卿大夫们不同

---

① 杨伯峻：《论语译注》，中华书局，1980年，第115页。
② 钱宁：《圣人》，作家出版社，2004年，第162—163页。
③ 司马迁：《史记》，江苏古籍出版社，2002年，第426页。
④ 刘勃：《饱瓜：读〈史记·孔子世家〉》，百花文艺出版社，2021年，第231页。

意。楚国令尹（相当于宰相）子西，第一个站出来，先是连问楚昭王四个问题：楚国有子贡这样的外交人才吗？有颜渊这样的大臣吗？有子路这样的将领吗？有宰予这样的行政干才吗？如此连珠炮，楚昭王被问蒙了，来不及细想，都答之以"无有"。

然后子西又对楚昭王说了一串更狠的：孔子搞改革，是要恢复周制，你就不能继续自封为"王"，周天子也只是王，你只能做"侯"。还有如果给他封地，他有那么多弟子辅佐，肯定会崛起，你能重用他吗？楚昭王这下更被说得毛骨悚然，只有迅速打消念头。而且当年秋天，楚昭王就去世了。孔子一生最大的机会才到手，便因子西太能说彻底化为乌有，还被外界疯传，被嘲笑又没当上大官。

还是楚国的"狂人"隐士有同情心，狂人隐士名叫接舆，他唱了首歌安慰孔子：

凤兮凤兮，何德之衰？往者不可谏，来者犹可追。已而已而，今之从政者殆而！①

与蔡国种地隐士嘲笑孔子不会种地不同，楚国狂人接舆则把孔子比喻为凤凰，要他不要垂头丧气，过去的就让它过去，也别跟子西那些没出息的大夫计较，他们都不行，将希望寄托在未来一代，继续努力吧。

歌者有心，是难得的高人知音。孔子下车，想同他说话，但

---

① 司马迁：《史记》，江苏古籍出版社，2002年，第426页。

狂人献完歌便迅速走了。孔子只能上车，继续朝卫国驶去。其时，卫灵公已去世五年，在位的是灵公长孙，名辄，谥号卫出公。孔子回到卫国时，出公有没有为孔子接风洗尘，问政，不得而知。但孔子到卫国后正好碰到吴国要与鲁国会盟，要鲁国贡献一百具祭祀用的牲畜，季康子于是想叫子贡去一趟吴国，孔子同意子贡前往，子贡能言善道不辱使命，让吴国免去了向鲁国征收百具祭品。孔子终于堪称有了点行动，而且是为家乡造福。

第二年，卫出公或许因孔子学生人才济济，打算起用孔子。为此子路还特意问老师，如在卫国做官，准备如何下手。孔子说他一定会从"正名"开始。子路的反应令人吃惊：

有是哉！子之迂也！何其正也？ [1]

意思是说，亏你想得出来，老师，你太迂腐了，正什么名啊，这不是添乱吗？孔子马上以晚年特有的语重心长口吻，规劝子路：子路啊，你就是个粗人。名不正言不顺，……，君子千万不要乱说话。孔子说了一大串。子路呢，没看到他有什么反应，可能早跑了。

"正名"，的确有些太脱离实际，不像当初，一件件，夹谷会盟，堕三都，诛少正卯，都是很实在的猛事。难道受平时喜欢读《周易》影响了，思想越来越形而上了？有可能是，否则怎会不具体谈谈卫国最大的现实麻烦，由之入手呢。毕竟孔子了解卫国情

---

[1] 司马迁：《史记》，江苏古籍出版社，2002年，第426页。

况,出公是孙子即位,太子蒯聩一直在外面活动,这两个人的位子之争是最大问题。或者,"正名"本来要解决的就是这个问题,但被子路的一句"迂腐"打断了,没来得及说,变成了如何教导子路。

　　了解卫国情况的孔子,一直还在等待鲁国的消息。冉有都回去工作好几年了,怎么还没消息来?卫出公呢,也不来找他"正名",孔子再度陷入没有事做,又开始着急起来。卫出公显然无法找孔子"正名",对他来说太危险,严格按名分操作,可能要失去国君高位,让给父亲蒯聩坐。实际上,他和父亲均德不配位。唉,教书匠祖师爷第四次来到卫国,怎么会为两个德不配位、谁做国君都有名无实的人,想出"正名"这一招,忽视无论正谁,都是白正?可能是想用形而上的普遍道理解决一切问题吧。

　　大概因为子路觉得迂腐,所以跑去跟卫出公说,别用他老师,等于让老师避免了一场祸事,因为出公和蒯聩之间,无论将谁"正名"为国君,孔子都将得罪另一方。子路、高柴等刚在卫国做官的弟子们,也将跟着受牵连。这些烂事,孔子想过没有,不知道。只知道他除了想在卫国"正名",等卫出公用他,还在等鲁国的消息。

　　高柴、子路则在卫国大夫孔悝那做家臣,忙于处理各种杂务。既然孔悝出场了,就顺便说一下,他又名孔文子,文为谥号,是大臣的最高级谥号。到后来,文多了,便在文这一档之内加以区分,最高的是"文正",范仲淹、司马光得到的谥号均是文正。王阳明得了"文成",比文正低一档。之后直到清末整个传统政治文化体制解体,得到谥号文正,一直是读书人的最高生涯理想。像

孔子的教师生涯

张之洞 1909 年去世前，最牵挂的事情之一便是希望死后能像曾国藩那样，得到谥号文正，但因为没有和腐败的首席军机大臣奕劻搞好关系，结果得到的是"文襄"。排在李鸿章的"文忠"之后，在晚清或属第三档哀荣。

可见越到后来，越卷。两千五百年前，孔圉这样学问很一般也没什么政绩的大夫，竟能得到谥号文。子贡对此曾有不满，觉得孔圉配不上"文"字。孔子呢，则还得仰仗孔圉。孔圉也需要孔子及其弟子。又过了三年，孔子在卫国无事可做焦急等待的漂泊日子里，就只看到孔圉曾有事请教于他。

所谓有事，照例又是私人烂事。孔圉想和卫国另一大夫太叔疾联盟，便叫后者离婚，然后收为女婿。太叔疾按令离婚，娶了孔圉女儿。但太叔疾还喜欢原配的妹妹，便在外面为原配妹妹修了座宫室，将其包养起来。这样，太叔疾就像有了两个妻子，即《左传》所谓"为之一宫，如二妻"。孔圉知道后，想带兵讨伐逃到了宋国去的太叔疾。

孔圉就为这烂事请教孔子，孔子答之不可。但孔圉不罢休，又把孔子请来讨教，同时寻求军事支持，比如让子路出马，或帮忙布局。孔子不得不谦虚地告诉孔圉，他只学过点祭祀的事，带兵打仗从没学过，不会。所谓"胡簋之事，则尝学之矣；甲兵之事，未之闻也"。说完，孔子便叫弟子套车走人，并因实在忍不住，骂了一句："鸟则择木，木岂能择鸟？"[①] 等于直言孔圉是朽木不可雕，孔圉吓得连忙解释，"圉岂敢度其私，防卫国之难也"，

---

① 杨伯峻：《春秋左传注（修订本）》，中华书局，1990 年，第 1667 页。

意思是说他发兵,可不是为了自己,是为了防止卫国有祸乱。孔子一听,还有这等政治觉悟,卫国还有救,孔子因此"将止"[①],即瞬间感动,决定留下来。六十八岁了,教书匠祖师爷仍无法耳顺,无法任凭孔圉怎么说,都能心如止水,当耳旁风,不管。

卫出公即位以来,孔圉是执政大夫,如果他真心救卫国,以他连人看错都不顾——竟把女儿嫁给人渣,的确需要孔子帮忙。尽管孔子也老看错人,但孔子有自知之明,故意去和错的人在一起,不过是为得到纠正乱世的大机会,不会像"文子"孔圉那样,傻到把女儿嫁给错的人。孔子助力"文子",不仅可以帮他女儿嫁对人,而且可以为他壮大正义势力。

天意弄人,孔子待在卫国,无聊想走的时候,等了四五年,鲁国迟迟没有消息。到孔子刚答应孔文子留下来时,鲁国却派人带着财礼来卫国请他回去。天道、命运太难把握,事先根本知不了,难怪孔子觉得得好好研习《周易》。但这是归后的事,此刻只需感受一下,突然看到"鲁人以币召之"[②],教书匠祖师爷喜极而泣,老泪纵横。弟子们也高兴,说老师终于可以回去了,自负气出走,竟在外流浪漂泊了十四年。子贡也不必再为常常被鲁国叫去外交,鲁卫两边跑了。颜渊则可以回到颜家庄陋室,安心读书了。大家一阵激动,最后还是大师兄子路说:好了,好了,可以了,收拾行李,喂马套车,让老师回鲁国去。

---

① 杨伯峻:《春秋左传注(修订本)》,中华书局,1990年,第1667页。
② 同上。

第四章
在乱世中寻找正道

五年前，季康子就该按季桓子遗言，把孔子请回鲁国。但他只有碰到棘手难题，才到孔子那要弟子，难题解决便忘了。时间长了，别说请孔子回来，甚至连孔子这个人，都忘了。直到鲁哀公十一年，即孔子六十八岁时，齐国来犯。因大权在季氏，季康子必须担责，无法像孟孙氏、叔孙氏和鲁哀公那样，撂挑子，不迎敌。无法撂挑子的季康子最后让冉有挂帅，带领左军迎敌。冉有让曾想学种地的师弟樊迟"车右"配合。季康子认为樊迟太年轻，不行。冉有说樊迟会服从命令，其他人叫不动。[①]击退齐军后，季康子问冉有：你指挥作战，这么厉害，是天生的，还是跟谁学的？冉有说"学之于孔子"。季康子这才想起孔子。可见，季康子平时似乎忘了世上还有孔子，问"孔子何如人哉"，怎么能教出这么厉害的学生。冉有说：我老师堪称王师，他的教导"播之百姓，质诸鬼神而无憾"。意思是说，鬼听了，都满意，绝不会来敲门。

---

① 杨伯峻：《春秋左传注（修订本）》，中华书局，1990年，第1659页。

冉有不光作战勇猛,关键时候还很能说。季康子听了,终于问了冉有最想听的一问——"我欲召之,可乎?"冉有说,只要"毋以小人固之,则可矣"。[1] 到底是教书匠祖师爷以自己的真言真行熏陶出来的学生,太了解老师,知道提醒季康子,召可以,但不能听信小人谗言,召来了又不用。

可见,冉有也一直在等合适的机会,平时不是没机会,就是即使说了,季康子也不当回事。说话必须有足够分量,方能让季康子当回事。冉有靠一场战役,为自己在季康子面前说话挣得了足够分量。也许就为了说话更有分量,他才必须勇敢,并叫上能叫得动的师弟,豁出命,也要击退齐军,如此才能让季康子请回老师。这背后的艰难,孔子都体会不到。实在太不容易,悲喜不同,又是春秋乱世,谁会记得谁呢?要不是一场战争,冉有不知还要等到何时,方能促使掌权的季康子请回孔子。等了五年,还不算太久,我们也随之可以看到,教书匠祖师爷是在六十八岁时,开启其一生最后的教育努力。

一

能干多久,孔子自己也不知道。但继续做教育,这一点很清楚。由此,又会想起,被困陈蔡差点饿死时,子路、子贡都曾质疑老师的教育没有用,天下人不听从。这事,孔子不会忘记。他

---

[1] 司马迁:《史记》,江苏古籍出版社,2002年,第427页。

自己也将因为天下不听从他的诗书礼乐教导，遭遇教育认同危机。不过，这是后来要解决的问题。孔子刚由卫返鲁之初，大可以先轻松一下，看看情况，再想如何继续他初为人师以来的两大教育事业，或者要不要变一下，为天下太平开拓新的教育事业。

哀公将孔子尊为国师，孔子德高望重，当之无愧。季康子一样，得知冉有是孔子培养出来的之后，他便不能像过去那样不把孔子当回事。反过来，孔子同样知道哀公、季康子必然会来请教，所以也会想一想该教他们什么。但孔子由卫返鲁之初，最感兴趣的或许还不是如何教导哀公和季康子，而是冉有怎么击退齐国，所以先说冉有向老师报告战况。

冉有说，孟孙氏、叔孙氏都撂挑子，后又来向他打听，有何作战计划。冉有懒得搭理他们，还故意嘲讽他们，说：你们是君子，我是小人，打仗时却不如小人。他们被刺激了，怕有辱君子身份，才答应出兵，组成右军。季氏一家，战车比齐军还多，竟也不敢打，更不想只是他一家打，其他两家撂挑子保存实力。

看到那两家组成右军了，季康子单独承担组织左军，让冉有挂帅。但右军太慢，五天后才赶到决战地。领兵的孟之侧用箭演戏拍打他的马，说：看到了吧，不是我故意慢，是马不肯走。开战了，孟之侧手下议论，是逃跑还是抵抗。另一手下说：抵抗高明吗？才说完，头就被砍了。双方损失惨重，但因都不会打仗，尤其和战国时的大将白起他们比，就是胡乱打一通。最厉害的便是冉有率领的鲁国左军，也不过"获甲首八十"。但这点战果已能让齐军溃不成军，鸟兽散去。冉有三次请求追击，季康子怕得罪齐国，后患无穷，均没有同意。孔子就这么听着，没有回应。

第四章　在乱世中寻找正道

小儿科战争，的确没有什么值得回应的。冉有说，鲁国有个小童和主人执戈一起战死在车上，葬时也加以殡殓，孔子才说了一句，"能执干戈以卫社稷，可无殇也"，意思是小孩为国捐躯，可以不按夭折下葬。除此之外，还有一点孔子也感兴趣。冉有说，他之所以能杀入敌军阵营，得益于"用矛于齐师"，大家都用矛，不用不行。孔子说：大家都用，你用没有错，用得对，"义也"。①听下来，孔子最感兴趣的似乎是战争过程中违礼了怎么办，而且冉有发现老师并没有死守礼。言外之意，冉有倒是希望老师此番回来，能修改一下其礼教观点，如此可免去在各类场合因礼的问题和季氏他们再次发生激烈冲突。哀公倒不会起什么冲突，他只是傀儡，就是季氏最麻烦。

　　担心不无道理，毕竟当初闹僵就是因为八佾之礼，"是可忍也，孰不可忍也"，礼在孔子心里太重要了。要是孔子只教学生，从小学生到大学生，再到研究生，都可以，只要在学校里教，冉有便不会担心出问题。但老师还要去教诸侯大夫。六十八岁回来后，仍不愿放弃他们。靠季氏吃饭的冉有，无法不担心。

　　也许因为孔子体谅冉有在季氏手下做事，或者孔子觉得木已成舟了，八佾就八佾吧，毕竟季氏还没有乱来到诛杀国君，似乎还有救，所以孔子此番归来，没打算仅是把当初的诗书礼乐教育作为主攻方向，而是决定开拓一种新教育，即本章标题归纳的"正道"教育，第一对象则是必然要来请教他的哀公和季康子。孔子即由此开启其晚年在乱世中寻找正道的新一轮教育努力。关键

---

① 杨伯峻：《春秋左传注（修订本）》，中华书局，1990年，第1660—1661页。

词变了，冉有随之不用担心礼的问题了。但他会因为老师要在乱世做正道教育，遭遇新的更大的担心。

先看哀公，他虽然无法自作主张，但来请教国师，没有问题。哀公请教什么问题，不用开口，孔子也知道，就是"问政"。走到哪，都是这个问题，但政治仍搞得那么烂。从三十八年前，第一次被齐景公问，到现在，都是问政。就是卫灵公有些另类，第一次问的，竟是孔子在鲁国拿多少俸禄。

齐景公初次问政，孔子教的是"君君，臣臣，父父，子子"；第二次问，孔子教他"政在节财"，都是直击齐国政治危机要害。但那时，孔子的心思在做官争取机会上，没法专门做为政教育。现在，孔子被尊为国老，决定从为政入手，好好教教哀公、季康子如何为政，重新为鲁国及天下开创太平新机。

哀公问时，孔子教导说"政在选臣"。这是针对哀公的抽象教导，诸侯的首要任务就是选好人，很对，但太抽象，没有考虑哀公实际没有权力选臣。不过，冉有若在身边，倒是可以让冉有冒一身冷汗，这不等于要把季氏他们换掉吗？比之前想取消他们的八佾还厉害。子路若在，也会直言老师迂腐。但孔子回来时，把子路，还有高柴，留在了卫国，让他们继续为孔圉效力，子路听不到。唉，后面会看到，还不如叫子路也回到鲁国来。

"政在选臣"，没有错，这是诸侯的正道。而且是十六年前，孔子任大司寇以来没来得及列上日程的事。那时考虑的是先把齐国教训一下，把三桓的老巢给端掉。这次回来，可以尝试推动选臣了。教书匠祖师爷可不是随便说说，敷衍哀公。季康子来问政，孔子的教导同样也是选臣。他是鲁国的实际负责人，更要选好人。

第四章　在乱世中寻找正道

孔子教导他说：

> 举直错诸枉，则枉者直。①

直啊，枉啊，有点绕，不如教导哀公那么直接明了，但意思也是要季康子选拔正直的人，并让他们的官位高于那些枉者即奸佞小人，如果这样，上行下效，奸佞小人也会变成正直的人。

不难听出来，这话虽不如选臣简洁明了，却能让季康子听了不舒服，好像骂他只知道任用奸佞小人。不过，了解教书匠祖师爷的人知道，他的骂，其实是看重对方。言外之意，孔子对季康子寄予了厚望，是故意批评，或反向激励他走上为政正道。

以上问政均来自《史记》。《论语》中也有记载，哀公曾问如何使"民服"，季康子曾问执政如何"使民敬，忠以劝"。②看来，哀公和季康子都想让老百姓听他们的话，孔子的教导和上面无异，都是要求他们自己先立正，自己立正好，老百姓自然会忠诚归附效力。只不过几次请教下来，季康子仍不是很清楚，所以他还曾专门问，自己必须做好的"政"到底是什么，孔子教导曰：

> 政者，正也。③

"政"就是要走正道。孔子怕季康子仍不懂，举了个例子，八个

---

① 司马迁：《史记》，江苏古籍出版社，2002年，第427页。
② 杨伯峻：《论语译注》，中华书局，1980年，第19—20页。
③ 同上，第129页。

字——"子之不欲，赏之不窃"，意思是说，正道就是你季康子不要贪，不贪的话，即使给老百姓发钱，奖励偷窃，老百姓也不会偷窃。孔子对老百姓太信任，认为老百姓本来淳朴，没什么想法，都是上面的人不正，先偷，所以跟着学会了偷。

问题是孔子的系列教导，从直到枉，再到正，还有欲、窃什么的，作为道理，虽然听起来很正，但还是都太抽象了。作为标语刷在学校里、马路上，很容易，执行起来太难。到底哪些人是直者，是枉者，分别怎么判断，孔子都没有说。

而且把"窃"理解为一般老百姓的偷窃，也不一定猜对了。说不定孔子说的"窃"，乃是指大夫窃取诸侯之位。实在不好理解。季康子倒挺好学，抽象的为政问题请教了，还特地来请教具体的为政问题，即鲁国盗贼猖獗，怎么治理。孔子回答依旧抽象，且就是前面提到过的"子之不欲，赏之不窃"。[①] 似乎在孔子眼里，盗贼这类很具体的人，也是老百姓，他们偷盗，同样是由季氏不正、欲望多引发的。

和齐国打仗时，季康子懦弱，甚至害怕，想逃避，但他问政还挺勤。孔子回来后，除前面提到的连续问政，季康子还因"小胜大"，担心齐国会来报复，"命修守备"[②]，想增强国防，措施也挺有创意，准备革新大夫各有军队的旧体制，加收田赋，作为专项经费，建立国家军队。这个问题，季康子不敢直接来问孔子，便让冉有帮他去请教措施行不行。结果"孔子听了冉有汇报，说

---

① 司马迁：《史记》，江苏古籍出版社，2002年，第427页。
② 杨伯峻：《春秋左传注（修订本）》，中华书局，1990年，第1665页。

'这事我不懂'。冉有再问，孔子就不说话了"①。

为争取孔子支持，季康子曾三次让冉有去请教，其中虽然不乏尊孔子为国老，但更想借孔子之名，以便可以对孟孙氏和叔孙氏两家说：最权威的专家国老都同意了，你们还有什么好说的？然后他便可加倍收税。孔子一贯主张低税，认为加税是丧民亡国之举，故对季康子彻底失望。最后，孔子只让冉有带话："周公之典在"②，去翻吧，不用问我。

二

翻《史记》《论语》《左传》等最可靠的文献，确实看不到孔子再去教导季康子。按孔子的习惯，他希望看到的是，季康子听完教导，便拿出正确的为政行动，而不是老来问，然后让他重复教导之前教过的东西。孔子没看到期望的行动，反而看到，季康子已经比周公都富了，还要设法多收税，加重老百姓负担。弄得孔子对冉有都火了，说他不是自己的学生，不知道劝，还帮季氏搜刮民财，嚷嚷着要开除冉有，还要其他弟子看到冉有便骂他。即《论语》所记：

季氏富于周公，而求也为之聚敛而附益之。子曰："非吾徒

---

① 李硕：《孔子大历史》，上海人民出版社，2019年，第285页。
② 杨伯峻：《春秋左传注（修订本）》，中华书局，1990年，第1668页。

也。小子鸣鼓而攻之，可也。"[1]

教书匠祖师爷火气来了，还是控制不住。客观看，季康子不争气，不知改过，拿不出实实在在的正道为政行动，确实是孔子不想继续教导季康子的一大原因，但孔子的正道教导太抽象，都是些现实对象不明的概念，同样会使季康子一头雾水，无从把握。

前文也提到过，孔子因研究《周易》，思想越来越形而上。回到鲁国，看来仍继续要走形而上。如此教人为政，不是要脱离鲁国现实吗？一点不像当初夹谷会盟，堕三都，现实对象都十分具体明确。当然，对季康子而言，抽象反而好，他倒乐于看到，孔子就讲些现实对象不明的抽象道理，反正无法操作，把它刷在墙上，让他高兴就好。而对孔子来说，则意味着其在教师生涯最后阶段，早晚都要面对：当此类抽象的正道教导无法纠正现实时，甚至连季康子这样的一个人都教导不了时，该如何是好？不过，在此之前，得分析一下，孔子晚年归鲁以来，先去弄出系列抽象的正道教导，这样做有何意义，何苦来着呢？

或许对于季康子的系列抽象教导只能表明，孔子晚年回鲁国后，第一大诉求是希望季康子能成为一个正直的执政者，为鲁国上下树立表率，让鲁国上下都跟着学，走上正道。今天上海博物馆收藏有不少《季康子问于孔子》简，也可以证明，"孔子希望季康子能够成为'贤人'、'君子'，即理想中的执政者"。[2] 只是

---

[1] 杨伯峻：《论语译注》，中华书局，1980年，第115页。
[2] 尉侯凯：《〈季康子问于孔子〉二题》，《简帛研究》2019年第2期。

孔子要想实现这一诉求，太难，且原因首先是理想的或正直的执政者太抽象，没有实体对象，季康子无法理解，他又缺乏经验基础——在遇到孔子教导前，季康子在其所处环境中，从未见过任何能赢得孔子认可的执政者和正道。

尤其想到，孔子初为人师以来，不用抽象概念，而是用"诗三百"即人世间实实在在的"行事"来组织课程与教学，更能体会出孔子的正道教育及第一大诉求均难以实现。他也因此必须拿出新的课程，来生动彰显正道。这些后文会进一步揭示。此刻可以概括一下，孔子回鲁国后的首轮教育行动暂告一段落，季氏不再向孔子问政请教。哀公问了，也没用。

尊孔子为国师这一点，哀公倒是出于真心。季康子呢，从三次派冉有请教税赋看，尊孔子为国老似乎也是真心。此外，还给孔子保留了大夫体制名分，但不会授予孔子实权高官，让孔子随便想说什么，就说什么。孔子呢，则不像当初那样，也不像在楚国时那样，要去做大官。三年后，孔子说他进入了"从心所欲，不逾矩"的境界。"从心所欲"很关键，表明他仍有所求，而且所求的，一定比做卿大夫或宰相更吸引他。

流浪十四年后，做了国师、国老，不时被国君、宰相请去做顾问，一般人到六十八岁，如能有此造化，大概会心满意足。但教书匠祖师爷却对此不屑一顾。不仅不屑一顾，还觉得失败，为什么会这么怪？原因就是天下依旧很乱，而且越来越乱。

北方不必说，齐鲁乱套已有描述，晋国的赵简子、阳虎，还有其他大夫，也一直虎视眈眈，试图南下占领更多地盘。南方除了楚国，更有野心还要大的吴国，连楚国、晋国都去攻打。且吴国不乏吴太宰嚭这样的奸佞小人，孔子碰到了，比教季康子更难。吴国有伍子胥这样的贤人义士，即使孔子有缘能够和伍子胥联手，也不会容易多少，因为吴太宰嚭这样的奸佞小人太多了。

况且返鲁后，等于就困在一隅了，没有了其他机会。身边除了季康子、哀公，便是自己的学生。即便不甘，又能做出什么比教导季康子更能让天下太平的教育事业来？因为共处一隅，抬头不见低头见，无论有意、无意，季康子还是会碰见孔子，进而又要请教。不过不是问政，而是问孔子的学生如何如何。季康子这样做，不过想用孔子的学生，毕竟孔子教出来的学生，在能力、品德方面，比他平时接触的那些年轻人强太多。这样的人，他不会拱手让给孟孙氏和叔孙氏他们用。

甚至季氏内部，还有人要和季康子抢孔子的学生。像季康子同族的季子然就曾到孔子这打听：子路、冉有做大臣，没问题吧？孔子说：那是，他们两个"可谓具臣"，而且他们会仁义待君，"以道事君"，不为贪财图权。孔子的学生到底是能力强，品德好。季子然很高兴，又问：他们很听话吧？孔子一听，马上警惕对方，于是故意说："弑父与君，亦不从也。"[①] 意思是，他们是很听话，但想叫他们去帮你杀死父亲和国君，那他们一定不从你。类似这样的交往还有许多，只会让孔子越来越厌烦，都是些什么人啊，也配让我的学生为其效力。但孔子一时又正不了他们。故想到他们，只会加剧对现实的失望。

进而言之，这就是孔子返鲁一年来的基本处境：他想在乱世

[①] 杨伯峻：《论语译注》，中华书局，1980年，第115页。

中为季康子指明正道，但实际上，他自己对正道的理解也是抽象概念，季康子更不懂什么是正道，对季康子的正道教育因此半途而废，所培养的学生还容易被季康子拉去，为他偏离甚至破坏正道效力，如此下去的结果便是，孔子总有一天会忍无可忍，并要采取更有力的教育行动，向季康子们和整个春秋乱世指明正道。

所以，不能仅因为孔子说过耳顺、从心所欲等概念，便以为孔子晚年很超脱快乐（晚年孔子也因此被描绘成没有力量的人）。实际是，归鲁第一年，很失望。第二年，更失望。第二年开春，季康子便不顾孔子教导，正式加收土地税。光这事，就让孔子够憋屈了。尽管他没有再骂一句"是可忍也，孰不可忍也"，就是憋着，同时心里又要怪冉有不尽力阻止。唉，孔子到底耳顺不了。快七十了，仍耳顺不了。

学生中，也有让孔子蒙羞的败类，即公伯寮。他何时被招进来的，不清楚，可能是最晚一期之一，时间不长，师生感情不深。公伯寮跑到季氏那去告状，说子路坏话。鲁国大夫子服景伯知道这事后，来找孔子。子服景伯说：季氏（估计是季康子）糊涂，听信谗言，我对付不了他，但公伯寮，我很容易能让他"肆诸市朝"[①]（即让他暴尸街头）。

子服景伯倒像孔子学生，孔子连忙制止他，说：我的道如果季氏听，是天命，不听，也是天命，公伯寮影响不了天命。为了替夫子出气，惩罚公伯寮，"明代有个叫程敏政的"，更曾"请罢

[①] 杨伯峻：《论语译注》，中华书局，1980年，第157页。

其从祀,最后,把他赶出了孔庙"①,一生终于干成一件可载入史册的大事。昔日的祖师爷孔子则继续忍,劝子服景伯没必要因为他干傻事。

有时,学生如果觉得老师心烦,会安排些活动,让老师散散心。如子游做了武城县长之后,便曾邀请老师前去视察。老师快到时,还特意奏乐给老师听。弄得孔子说他太夸张,治理一个县城,竟动用了最好的教化武器古典乐。这是用牛刀杀鸡。子游随即说:老师当年教我们,没说县城不用放古典乐,只说放古典乐就好,老百姓听多了,喜欢听,人就会变得善良。所以放放古典乐,总是好事。

老师被子游逗乐了,多少年了,子游还记得,确实没讲县城不用放古典乐,随即对陪同的弟子说:你们看看,子游说得多好,之前说他用牛刀杀鸡是开玩笑的。但这样的快乐,孔子晚年很少有。看史料记载,由卫返鲁以来,孔子多数时候看到或听到的,都是让其心烦甚至绝望的事。尤其一年后,即公元前481年,齐国传来消息,陈恒(成子)将齐简公诛杀。

臣子弑君,是孔子最不能忍的事,孔子再也无法坐视。尽管他其实可以不管,事情本来也和他没任何关系,但他仍然要有所纠正行动,而且是以暴制暴。得知消息,孔子斋戒三天后,请鲁哀公发兵齐国攻打乱臣贼子。哀公问:鲁国历来被齐国欺负,怎么打得赢?孔子说:

---

① 李零:《丧家狗:我读〈论语〉》,中华书局,2022年,第312页。

陈恒弑其君，民之不与者半。以鲁之众加齐之半，可克矣。①

作为国君，鲁哀公应会被孔子的热情感动，但他做不了主，只能对孔子说，国老去问季康子他们吧。孔子随后又去找季康子、孟孙氏和叔孙氏，他们均说"不可"。孔子只好无奈告知三桓："以吾从大夫之后，不敢不告也。"②意思是说，我也身为大夫，怎能袖手旁观啊！等于也是在骂三桓孬种。

去找三桓之前，孔子能想到他们不会同意，但孔子仍固执要去。更无法想象的是，孔子竟要举鲁国全民之力——"以鲁之众"，外加齐国一半反对陈恒的民众，去为齐简公报仇。但只要设身处地，想想孔子归鲁以来，面对日益混乱的现实，从未有过任何有力量的乱世纠正行动，就是一直忍，忍了三年，忍到实在忍不住，便能理解孔子为何不惜一切也要去复仇。

就像一个人，觉得自己的人生实在太没有意义，突然找到一件有意义的事，而且是绝对正义之事，当然会义无反顾。哪怕只有一次，也够了，不至于白活一世。由此想起，子夏曾问老师"居父母之仇如之何"，即如何对待杀害父母的仇人。且看孔子的回答：

寝苫枕干，不仕，弗与共天下也。遇诸市朝，不反兵而斗。③

---

① 杨伯峻：《春秋左传注（修订本）》，中华书局，1990年，第1689页。
② 杨伯峻：《论语译注》，中华书局，1980年，第153页。
③ 王国轩等：《孔子家语》，中华书局，2016年，第349页。

与之不共戴天，不做官，夜里枕戈待旦，白天利刃不离身，街上遇到，立刻与之决斗，不用回家取兵器。教书匠祖师爷何等侠气，晚年也不想只剩享受虚荣，而是憋得实在受不了的时候，想以壮烈复仇，在乱世彰显他心中的正道，哪怕之后死掉，也比享受虚荣好。

子夏或许也觉得人生太贫乏苍白，没有意义，所以问这样的问题。要么就是受了当时谁的影响。春秋乱世，的确有不少人，一辈子忍辱活着，就是为了报杀父之仇。其中最著名的当属伍子胥，故不妨稍微留意一下这位人物。

简单说，伍子胥比孔子大八岁，孔子返鲁时即公元前484年，伍子胥去世，和孔子属同一时代人。孔子三十而立做教师时，伍子胥父兄均被楚平王杀害，伍子胥逃至吴国，开始为复仇奋斗的一生。他先是结识孙武，向吴王七次力荐孙武，终得用，又助阖闾夺取王位。他与孙武携手，让吴国强大起来。到公元前506年，吴国对楚国发起猛攻，直抵楚都，令楚昭王"走郧"，逃亡随国。伍子胥"乃掘楚平王墓，出其尸，鞭之三百"。[①] 奋斗十五年，伍子胥终于实现为父报仇。之后，吴国在伍子胥辅佐下继续日益强大。到孔子归鲁之际，鲁国、齐国乃至晋国均成为吴国进攻对象。鲁国只有靠孔子学生子贡能言善辩，才在吴国威胁下求得苟安。因阖闾后期昏聩，听信佞臣，伍子胥最后落得个被命自裁的悲剧结局，但他不仅成功复仇，而且被司马迁赞曰"弃小义，雪大耻，名垂于后世"，吴国百姓也"怜之，为立祠于江上，因命曰

---

① 司马迁：《史记》，江苏古籍出版社，2002年，第523页。

胥山"①,至今犹在苏州。

相比伍子胥,孔子一路奋斗,连个孙武式的朋友也没有,更无可以辅佐之王。年逾七十,想带兵向乱臣贼子复仇,让自己在乱世中的晚年余生有点意义,也求不到,连带兵机会都没有,实在太苦,太憋屈。孔子晚年的苦和憋屈都来自所处现实,来自其中的大夫,难怪当初认可"学而优则仕"的他,到晚年竟突然厌恶弟子去做官,为身边那些大夫效力。

三

十几年前,孔子过不了黄河,没有去晋国的命时,他伫立在黄河边,看着大河东去,曾以一句"逝者如斯夫"来形容他与现实的关系,勉励自己和弟子,人生一定是流向更大的海洋。如今,孔子不再流浪了,他与现实的关系也没有了其他可能,就是一直被困在让他失望的鲁国都城一隅。他的人生也因此不可能流向其他更大的地方。而他却是想为天下恢复太平,做大教育的教书匠祖师爷。尤其晚年,他仍想让季康子们明白正道,改邪归正。

故可以理解孔子为何厌恶,甚至不让学生去给大夫做官,因为他所处的季康子们主宰的现实,太让他失望和憋屈,其中不仅没正道,反而尽是背离正道,为其效力有何意义?所以得知子路安排高柴做费邑宰,孔子会马上骂他,说"这是害了别人的儿

---

① 司马迁:《史记》,江苏古籍出版社,2002年,第525页。

子",所谓"贼夫人之子"。子路听完,以为老师想留高柴跟着他读书,做学问,所以顶了一句:

有民人焉,有社稷焉,何必读书,然后为学?①

高柴当县长了,那么多人要管,还有那么多土地和粮食,也要看好,读什么书,做什么学问呢?子路说完,老师竟然回了一句,说他讨厌花言巧语的人。从来都是说大实话的粗人子路一听,花言巧语,这不是子贡吗?老师大概老糊涂了。子路也就没再往下说。感情这么好的师生之间,也会悲喜不同,无法理解。好在毕竟感情深,听不懂老师,或被老师骂,都没事,总归是师徒父子一家人。

接着,又是子路。有一天,他作为大师兄,把能叫的都叫上,冉有、曾皙、公西华,说去老师那看看,陪老师坐会儿说说话。平时大家都忙得要命,很多天没去看老师了。弟子们来了坐好后,老师说:我年纪大了,没人用我了。你们都说说,随便说,准备干什么大事(就像今天的导师问,准备做什么课题啊)。

看来,孔子晚年归鲁,不去做大官,除不想外,还因为觉得自己老了,没人请他,他也因此更不用在没有正道的乱世做大官。但子弟们还年轻,包括子路,也还不到六十,所以孔子关心弟子们有什么想法,最好是即使有人请做大官,也不要去做。

大师兄子路先说,时任家臣的他,说要治理千乘之国。子路

---

① 杨伯峻:《论语译注》,中华书局,1980年,第118页。

第四章 在乱世中寻找正道　　137

老当益壮。当年在叶邑，孔子叫子路传话给叶公，但之后子路再无机会路上碰到叶公，没法传。老师说的"不知老之将至"，子路只能自己用，效果的确不错。子路就是到老了，仍太粗鲁，不知道老师正反感做官，尤其做大官。

其他几个有样学样，跟着子路说做官，只是职位和掌管的地域面积，越来越小。和子路所说一样，老师听了也没一个满意。直到曾皙发言，才说出一个不做官的理想，可以让老师满意：

莫春者，春服既成，冠者五六人，童子六七人，浴乎沂，风乎舞雩，咏而归。①

困在都城一隅，天天看着季氏他们乱来，真不如春暖花开的时候，去大自然流浪，游泳，起舞，唱歌。做什么官？然后还要骂骂子路，做大官的正道是"为国以礼"，这都不知道，而且太不谦虚。公西华又太谦虚了，司仪很好，他却说只做个祭祀小司仪，那大司仪谁做呢？"孰能为之大？"看到老师开心，子路也开心，随便骂，抽空看一趟老师，没白看。

学生中另一种类型是宰予。小时候，宰予白天上课打瞌睡，被老师骂朽木不可雕。长大了，却也学会能言善辩，去齐国做官，结果参与田常叛乱，给老师抹黑，"孔子耻之"。② 怎么培养出了这样的学生，竟成了乱臣贼子？唉，乱世干吗当官，还跑到齐国

---

① 杨伯峻：《论语译注》，中华书局，1980年，第119页。
② 王国轩等：《孔子家语》，中华书局，2016年，第302页。

去当官？

　　宰予、冉有和子路，是孔子学生中乐于做官的代表，他们太忙，没时间也没心思体会老师归鲁来对于现实的失望，以及由此产生的对于他们做官的反感。另外，他们或许也不知道老师曾对原宪说："邦有道，谷；邦无道，谷，耻也。"[①]"谷"，当时发薪用谷，代指做官。真是此一时，彼一时。此前，正因为邦无道，所以孔子要去做官救之。现在，邦无道，他却认为，去做官是耻辱。可见孔子对现实的失望，以及他对现实没什么纠正行动引发的憋屈。但子路他们哪里懂这些。尤其宰予，孔子昔日教他，守孝至少三年，他都认为没必要。师生竟至近似形同陌路。

　　众多学生中，有没有理解老师意思，主动不去做官的？有不少，且情况也不一样。像漆雕开，就历来"不乐仕"，只喜欢读书，尤其喜欢读孔子晚年整理的书课教材，即后来的《尚书》，像是想让老师招他读研究生。孔子却对他说：你年纪不小了，读得差不多，该去做官了。再拖，就太老，没有机会做官了。孔子似乎忘了漆雕开本就不喜欢做官，漆雕开也没明白老师为什么突然急于叫他做官，难道故意考考他心志坚定与否。漆雕开说他回去想一下，再答复老师。想了一阵子后，漆雕开决定还是不说假话，本身就不喜欢做官。然后理由也想好了，就说《尚书》还没读懂。于是在竹简上写了一句话——"吾斯之未能信"，寄给老师，意思是说，我对您的话还不太明白，没学好，所以也没有信心能做好

[①] 杨伯峻：《论语译注》，中华书局，1980年，第145页。

官,就不去做了。孔子收到信,打开一看,立刻"悦焉"。① 漆雕开也不知道,老师期望的正是他不做官,而不是叫他去做官。

更猛的是公晳哀,他公开"鄙天下多仕于大夫家者,是故未尝屈节人臣",等于明着说他看不起给大夫做家臣,所以从未去做官,这让晚年的孔子"特叹贵之"。公晳哀如此夸张表态,不惜得罪诸多同门,或许是故意博得老师欣赏。不管怎样,公晳哀也是一例,且特让晚年看不惯现实的老师感到安慰。孔子还曾专门表彰:

天下无行,多为家臣,仕于都;唯季次未尝仕。②

季次,即公晳哀。孔子不仅表彰公晳哀,还骂天下做家臣的,没一个是好东西。不知道子路、冉有、高柴等家臣代表看到表彰,会有何反应,肯定笑公晳哀迂腐,还会笑老师是大迂腐。其他像颜渊这样的不做官的同门呢?大概什么反应也没有,他们一直淡定,像世外高人,不会像公晳哀,特意发朋友圈,让人家看他多牛,鄙视做家臣,还等老师点赞。

子夏也是高调不做官的代表,比公晳哀还高调。荀子有记,"子夏家贫,衣若县鹑,人问曰,'尔何不仕?'",子夏的回答是:

诸侯之骄我者,吾不为臣,大夫之骄我者,吾不复见。③

---

① 王国轩等:《孔子家语》,中华书局,2016年,第314页。
② 司马迁:《史记》,江苏古籍出版社,2002年,第535页。
③ 章诗同:《荀子简注》,上海人民出版社,1974年,第312页。

问子夏的人是外面无名者，不是孔子。子夏显然比公皙哀高调，后者只是不做家臣，子夏则是连当时诸侯都不放在眼里，即使家贫，也不愿为之效力。子夏的志向是做学问，当教师。遗憾的是，孔子可能不知道子夏说过这么厉害的话，所以子夏没得到表彰。

公皙哀、子夏是高调型。孔子学生中，不做官者，还有一种极其低调型的。典范当属原宪。孔子做大司寇时，原宪给老师做家臣。老师认为，在他家做事，不算官，算一家人。且原宪非常淡定低调，从未像公皙哀那样发过朋友圈，说自己是老师兼鲁国大司寇家臣。这种品质，更能让晚年早下台的老师满意。

原宪还理解老师晚年苦闷时，讨厌现实，不愿学生去做官，所以更甘于寂寞清贫，远离老师讨厌的现实，道行非常高。一生做过最厉害的事，是在老师去世后，隐居在卫国荒郊野外的"草泽"中。有一次，已是卫国宰相的子贡驾着四匹马的豪车外出，身前身后有大队人马伺候。子贡看到原宪衣衫褴褛躺在草丛里，认为他给孔门弟子丢了大脸，故"耻之"。

时，子贡正开始发挥其世俗才华，圣化老师与孔门，以建构高大上的"学派"，所以会看不起原宪如此贫困，还问他有没有"病"，为何窘态如此。原宪答之曰：

吾闻之，无财者谓之贫，学道而不能行者，谓之病。若宪，贫也，非病也。[①]

[①] 司马迁：《史记》，江苏古籍出版社，2002年，第535页。

第四章　在乱世中寻找正道

的确是孔门得老师真传的非凡高足，子贡听完，羞愧难当，只得离去，"终身耻其言之过也"。

　　子贡显然有良知，并因此其实也苦闷。老师不在了，在当时乱世，子贡除了追求荣华富贵，为老师在俗人名利世界挣得更多虚荣，还能追求什么呢？要不然，他也不会在其他弟子为老师守孝三年后，还留在老师坟墓边建个房子独自再守墓三年，他想藉此延缓入俗时间。一旦入俗，以他的习惯与能力，就只能追求荣华富贵了。圣化老师，建构学派，为老师争取世俗虚荣，也是为了让自己活得更有意义点，不至于只剩追求荣华富贵。

　　唉，在季康子们主导的现实里，子贡堪称和一直不忘入世有一番作为的老师同样难。在鲁国时，他为了季康子以及整个鲁国能苟安于乱世，曾跑到齐国、吴国、越国、晋国花言巧语，而且还是老师叫去的。他也想在乱世中从心所欲，做点自己喜欢的事，过得有意义点，但这是一件多么难实现的事。仅仅老师、季康子都认为，只有子贡能口吐莲花，适合去外交斡旋，其他人都不行，子贡便命中注定必须入世，无缘像原宪或颜渊那样，只求安贫乐道。

　　又说到颜渊了，按理该展开一下，他的表现如何最让孔子满意。但此刻不必展开，因为之前所叙，已足以体会孔子晚年归鲁，自教导季康子失败后，心里一直不好受，从而连学生去做家臣，去做大官，他也不满意，以此宣泄他对现实乱世的失望，释放没有直接纠正行动给他带来的憋屈。实在忍受不了时，想来一次向弑君的乱臣贼子复仇，像伍子胥那样，孔子也求不到。但在令其无限压抑憋屈的乱世现实中，孔子并没有因为许多想做的事做不

142　孔 子 的 教 师 生 涯

了就躺平放弃，而是仍在做力所能及的事，试图在没有直接纠正行动的情况下，为乱世指明正道，让季康子们明白正道是什么。

四

因此，别仅看到孔子暂时放弃对季康子进行抽象的正道教育，也不能只关注乱世现实让孔子失望憋屈，以致向学生发牢骚，叫学生不要给那些不懂正道的大夫做家臣，还应特别留意失望憋屈、发牢骚之余，孔子仍会设法对季康子们展开正道教育，并围绕这一点去做自己力所能及的事。

事情有不少。第一件，可称之为类似今天的带研究生，任务正是和他一起探寻正道。为乱世指明正道，先得寻找发现正道，带研究生这件事随之必须做，专业名称则被孔子的弟子们称作"文学"，即历史文献研究，而非今日文学系的文学研究。所以孔子作为教书匠祖师爷，从小学生到大学生，到研究生，都教过。到晚年，主要带研究生。能这样，当然得益于教了四十年后，学生多，即使鲁国不支持，不给他分研究生，孔子也可以招到研究生。

不过，能不能招到研究生，还不是关键，教书匠祖师爷不会为名片上有个导师虚名，想方设法硬带研究生。真正的关键是，孔子想在乱世寻找正道，然后呈现给季康子们看，同时为乱世指明正道。所以，哪怕没有研究生，他一个人也会去研究能找到的历史文献，从中探寻正道。可教书匠祖师爷偏偏学生多，感情也好，因此棘手问题乃是挑选谁读研究生。

可以想象，发完牢骚，一个人安静时，孔子便会琢磨，弟子们谁适合研究历史文献，探寻正道。如钱穆所言："孔子之归老于鲁，后辈弟子从学者愈众，如子游、子夏、有子、曾子、子张、樊迟等皆是。"[①] 钱穆十八岁教小学，在长达七十七年的教师生涯中，也教到了带研究生，和孔子有许多共鸣，且一直在研究孔子，他的话值得引用。因此姑且认为，孔子就是从常在身边的几位点到名的学生中挑选研究生，攻读"文学"即历史文献，探寻正道。

子游，前面提到过，做武城县长时，曾请老师去视察，还特意放音乐让老师高兴。虽然不知道放的是哪首歌，但老师的确难得高兴了一回。孔子会因此把他招进来吗？或者子游会因为读研辞去县长？从俗常角度看，辞去县长读研，这事好像不大可能。但人家子游就干了这种不俗之事，把武城县长辞了，让高柴来做。孔子很高兴，将子游招来读研，和他一起研究历史文献中的正道。子游后世就是"以文学著名"。[②] 尽管他从历史文献中找到什么样的正道，擅长何种学术创作来彰显正道，因史料缺乏情况都不明。

和子游一样，子夏也让孔子觉得，他可以专攻"文学"（且子游、子夏都是老师流浪时期收进来的第四期学生，彼此关系也好），而且子夏正好不愿做官，想做学问。子夏跟老师读研后，除喜欢研习诗歌类文献，还在孔子引导下努力研读政治史文献，更

---

① 钱穆：《孔子传》，生活·读书·新知三联书店，2002年，第78页。
② 王国轩等：《孔子家语》，中华书局，2016年，第305页。

孔子的教师生涯

曾受老师之命，为老师编《春秋》，去"求周史记，得百二十国宝书"。孔子还曾把整理出来的《春秋》，"独传子夏"。[①] 子夏随之或许是唯一有缘能听到孔子讲授《春秋》的研究生。后，子夏又传于公羊氏，又经五世传承，建立学派，才有汉代董仲舒推崇的《春秋公羊传》。

由于关系好，多年后聚会，子游曾调侃子夏只会教扫地、接待等小事。前文对此已有叙述，这里要补充的是，子游调侃，或是为提醒子夏，与其关注琐碎实事，不如直接去琢磨大道。但子夏毕业后仍注重实事，不仅没有违背读研时的史学基础，而且为其在魏国西河办学形成特色奠定了基础，所培养的学生魏文侯、李悝、吴起等，也因子夏教导特色显著，能发动讲求富强实效的变法，提出"尽地力"与"富国强兵"的"耕战方针"[②]，使魏国一度崛起。只不过，子夏及其杰出弟子们把道理解为"耕战"，显然偏离了孔子的正道。孔子晚年时，则想不出正道竟是将全国百姓引向把种地和打仗搞好。但无论怎样，都不可否认，孔子把子夏选来读研，引导他主攻史学，产生了巨大的学术与政治影响。

按钱穆所列名单，该说有子了。有子，即有若，比孔子小四十三岁，也是第四期招进。有若载入史册的成就，就是从老师那笼统领悟到了礼真好，感慨上古"先王"能想出这么美的东西，所谓"礼之用，和为贵，先王之道斯为美"[③]。但孔子有没有把有若

---

① 何休、徐彦：《春秋公羊传注疏》，上海古籍出版社，2014年，第2—3页。
② 孔祥骅：《子夏氏"西河学派"再探》，《学术月刊》1987年第7期。
③ 司马迁：《史记》，江苏古籍出版社，2002年，第536页。

选出来读研，却没有史料。只知道有若"记忆力强"①，一直记得那句话，到哪都能背诵出来。此外，有若还有一大天赋，就是长得像老师孔子。所以老师去世后，同门举行祭祀时，"子夏、子张、子游以有若似圣人，欲以所事孔子事之"②，把他当老师拜。可见即使没有读研，有若也因天赋独特，有很大收获，竟成了导师，名字带"子"。按老师的说法，这是他的命。

轮到曾子了。为赚钱供养父母，曾子曾"不择官而仕"，去无名小国莒国为官。父母去世后，即使"齐迎以相，楚迎以令尹"，曾子也坚辞不就，谨记老师所教"任重而道远"，故"不择地而息"③，可见其不仅安贫乐道，且以孝为先。孔子首先看中的便是他"志存孝道"，把他挑来读研，引导他专攻"孝经"，近似为曾子新增了一门研究生专业。之后，曾子表现亦好，"对名利、权势十分淡泊，全力埋头研究学习孔子教导"④，让晚年孔子非常高兴，是模范研究生。曾子论文发表也最多，到汉代时，仍可以看到十八篇。⑤曾子学有所成，成为"孝经"鼻祖，一千五百多年后即宋代，还被封为"武城侯"⑥，发展得很好。

名单上还有子张，就是前一章提到的刚进来时，说话有点像子路的那个新生。子张进来之后，很多时候继续像当年的子路，一根筋。陈蔡之厄，孔子饿得都站不起来了，子张竟还去请教老

---

① 王国轩等：《孔子家语》，中华书局，2016年，第310页。
② 杨伯峻等：《孟子译注》，岳麓书社，2021年，第107页。
③ 魏达纯：《韩诗外传译注》，东北师范大学出版社，1993年，第1页。
④ 同①，第307页。
⑤ 班固：《汉书》，中华书局，1962年，第1724页。
⑥ 张池等：《孔子七十二弟子图谱》，中国和平出版社，1991年，第28页。

师，将来到社会上发展怎样才能吃得开，即"士何如斯可谓之达矣？"老师只好反问：你所谓的吃得开是指什么啊？子张说：就是像豪杰，"在国必闻，在家必闻"。孔子明白了：你说的这是名气大，不是"达"或吃得开，必须"言忠信，行笃敬"，才能吃得开。子张一听，觉得讲得好，还把老师讲的特意写在腰带上，"书诸绅"。① "绅"即腰间佩带。子张大概觉得，这样以后随时可以把六个字亮出来，给人看，到社会上就吃得开了。

饿得要死时，还要回答子张如何吃得开，也是昔日流浪路上的奇葩教学乐事。子路看到竟有这样的小师弟，居然把老师的话写到腰带上，估计也要笑死，比自己当初还二。孔子后来以"辟"概括子张，意思说他"性格偏激"。朱熹则把"辟"解读为"善于逢迎谄媚而不诚实"②，显然高估了，还是孔子更了解子张。或许就因孔子觉得子张性格偏激，确实和子路像，不会安心做学问，所以没看到孔子晚年居鲁，把子张叫来读研。但子张也因为"辟"不服输，后来靠主动请教老师，外加努力自学，成为韩非子说的儒学八派之一，即"子张之儒"③，且被韩非子列为首位。

樊迟是钱穆所列名单最后一位，就是当初想学种地的那位。后，仅看到樊迟曾问仁，问智，孔子仅答之爱人，知人，似乎也没有将其招为研究生。在孔子心里，即使不论学品，仅论人品，也有许多同门要比樊迟优秀。如公冶长，孔子甚至把女儿嫁给公冶长，坚信嫁对了人。证据正是公冶长"品德好"，虽"坐过监

---

① 司马迁：《史记》，江苏古籍出版社，2002年，第533页。
② 李启谦：《子张研究》，《中州学刊》1986年第6期。
③ 张觉：《韩非子校注》，岳麓书社，2006年，第671页。

狱",但系"受冤枉",且"传说公冶长能懂得鸟语"[1],近似能听出天机。

晚年几位常在身边的弟子均考察完,孔子从中挑了子游、子夏读研,其中表现相对更好的是子夏,不仅诗歌文献研究有心得,还参与孔子的政治历史文献研究,为传承孔子的春秋之道做出了重要贡献。再有便是子张,虽然未见被选中,但靠自学在学术上也有成就,只是其在寻找正道方面,有何成就,老师是否满意,因史料缺乏均无法弄明。

未被钱穆列入名单的弟子中,有没有谁被孔子挑去读研?从《史记》看,有一位,而且非常重要。他便是商瞿,没什么名气,却参与了孔子晚年最重要的正道探寻课题,即《周易》研究。但具体如何参与,有没有和子夏一起去寻找史料,都没有史料记载。司马迁也仅写了一句"孔子传《易》于瞿"。之后,孔子易学一直有弟子及弟子的弟子传承下去。到汉武帝时,传至杨何,还"以治《易》为汉中大夫"。[2] 不过,最初商瞿学《周易》有何造诣,同样不清楚。或许他没能回答好孔子关心的何为正道问题,否则孔子肯定会大力表彰。

不难看出,行文至此,颜渊仍未出场。颜渊是孔子最喜欢的学生,也是很多后人最推崇的孔门弟子。然而以钱穆的孔子研究功底,列孔子晚年身边弟子时,竟也没有提到颜渊。同样,如要考察晚年孔子是否曾专门把颜渊叫过来攻读"文学",也无法让颜

---

[1] 张池等:《孔子七十二弟子图谱》,中国和平出版社,1991年,第36页。
[2] 司马迁:《史记》,江苏古籍出版社,2002年,第535页。

渊出场——看不到颜渊曾像子夏、商瞿那样，受命参与孔子的历史文献研究课题与正道探寻。这个孔子最喜欢的学生，就像从老师晚年的生活世界中消失了似的，不知道在干什么。提及颜渊，能够看到的，就是孔子及之后的孟子均曾高度赞扬的日常存在状况：

> 颜子当乱世，居于陋巷，一箪食，一瓢饮，人不堪其忧，颜子不改其乐。①

后世也跟着孔子、孟子，习惯将颜渊的最高成就定格为安贫乐道的典范，且容易认为颜渊一直是这样。其实孔子做大司寇时，颜渊曾坐不住，想去从政，追求尧舜伟业，但终究只是曾经的想想而已。

也许只能这样说，即使颜渊在历史文献研究方面没什么成就，但颜家庄亲戚旧情，进入孔门以来的患难师生交情，以及颜渊一直在追求仁道，对晚年的孔子来说实在太重要。甚至举目四望，只要想到还有颜渊在陋巷刻苦求道，孔子便不会觉得孤独，便可在身陷乱世，在毫无现实纠正行动的憋屈状态下，安心通过研究历史文献，寻找正道，然后针对季康子们发明更有力的教育武器，同时为乱世指明正道，与乱世现实做最后一搏。

因此，即使不叫颜渊来读研也没事，他一直在陋巷自觉读研。尤其想到第一和第二期感情最深的几个老弟子，晚年孔子更会觉

---

① 杨伯峻等：《孟子译注》，岳麓书社，2021年，第167页。

第四章　在乱世中寻找正道

得，还有颜渊在陋巷一起求道，便够了。晚年，想起遭遇陈蔡之厄仍患难与共的三大老弟子——子路、颜渊、子贡，以及冉有他们，孔子曾说过一句，"从我于陈蔡者，皆不及门也"[①]，"皆不及门"，即都不在身边了。他们都在外面忙，忙什么呢？只有颜渊所忙的，让孔子欣慰。这也是一种命，只要颜渊在，孔子便无法停止为乱世指明正道，尽管他和颜渊都不知道，何时能为乱世指明正道，指明什么样的正道。

对于整天忙其他事情的子路和子贡，孔子只牵挂他们是否平安顺利，没有时间来看看也没事，只要平安顺利，不要突然被乱臣贼子害死。反之，他们对老师也如此，不会在意老师寻找什么正道，不去寻找正道更好，去公园唱唱歌，就算了。这俩老弟子，总是只记挂老师身体，不着调，忽视老师还要做学问、平天下。尤其子路，孔子只要想到他，脑海中就会浮现出他说：当官不好吗？早都毕业了，干吗还要读书，做学问呢？老师啊，你总是太迂腐了，要大家学什么古人。然后，孔子便会笑一笑，心里唠叨：子路到底是个粗人啊，一辈子都改不了。唉，当初办学，怎么会一时兴起，一定要去降伏他，把他招进来读书学礼？

五

笑完，孔子想该去做课题了。选来读研究生的几个弟子，还

[①] 杨伯峻:《论语译注》，中华书局，1980年，第109页。

孔子的教师生涯

是不行。包括子夏，也是如此，查查史料可以，但关键史料查不到，也写不出能让老师满意的东西。自己动手吧，由此将进入孔子失望、憋屈之余，为纠正现实采取的第二大行动，即依靠历史文献研究，发明比早年的诗书礼乐更有威力的新教育武器，让季康子们迷途知返，改邪归正。这是孔子晚年最后的心事与诉求。

具体来说，孔子的第二大行动至少由两件事情构成。第一件事便是完善早期的诗书礼乐文化课程，且仍是从诗开始。至于孔子如何完善诗课，结果怎样，司马迁曾有总体勾勒。如其所言：

古者诗三千余篇，及至孔子，去其重，取可施于礼义，上采契后稷，中述殷周之盛，至幽厉之缺，始于衽席，……三百五篇，孔子皆弦歌之，以求合《韶》《武》《雅》《颂》之音。[1]

依据司马迁的勾勒，孔子初为人师时，只是尽力去搜集挑选，到晚年作为国师，可以自由出入鲁国档案馆，得以看到三千多首诗，然后把其中重复的删掉，选择可以在诸多仪式场合派得上用场的，共三百五篇，编成最后的诗课教材。进而言之，司马迁勾勒总体情况时，仅注意到，诗用于教学生做好诸多仪式，包括怎么对待父母和领导，却忽视了孔子期望最高的"兴观群怨"和最起码的动植物知识学习。孔子显然不会丢掉这些目标。

此外，我们也没看到，孔子晚年曾发布新的诗课标准，把诗课的学习目标仅定为"施于礼义"。相反，大可以认为，新诗课的

[1] 司马迁:《史记》，江苏古籍出版社，2002年，第427页。

价值在孔子那里,仍是"兴观群怨"。看到对人间万象与疾苦丧失起码同情,只知加税、争夺权力地盘的季康子们,更是要好好读诗,形成"兴观群怨"。仅从这一点考虑,孔子便会保留诗课原有的三层目标,不会仅是为"施于礼义"。但司马迁说,定好三百五篇后,孔子均以古典雅乐配词,使诗歌还能变成乐课,这一点倒十分符合孔子的音乐兴致。

音乐,尤其古典乐,是最好的文化课。这一点,孔子到晚年仍坚信不疑。故完善诗课的同时,等于把乐课也完善了。也可以看出孔子的音乐造诣确实高,包括作曲,也是一流,能听出什么样的人做什么样的曲。孔子或许没有办法组建专门的古典乐队,更无法让季康子他们来听古典乐,但他可以凭借自己的作曲造诣,将原本单调的诗朗诵,变成就像在唱优美动人的古典乐。仅此一点就够厉害了,也让人见识了教书匠自祖师爷起有何音乐功夫。

遗憾在于,晚年孔子精力有限,没法普及他的音乐功夫。那最有可能得真传的几个研究生中,有没有人得过真传呢?三国时,喜欢研究孔子"诗三百"的学者陆玑说过,孔子晚年编好诗课,曾"授卜商,商为之序"。[①]卜商,即子夏。言外之意,陆玑认为子夏受过真传,还为老师的新诗课写过序。作为孔子晚年器重的研究生,且曾协助孔子查找历史文献,子夏有可能跟老师学过如何给诗配乐。但写序这种事,显然不可能,子夏及孔子连写序这个概念都没有。写序,是汉末魏晋以来兴起竞争文学虚名才有的事。且从所写之序看,第一句便说"关雎"讲的是"后妃之德",

---

[①] 曾运乾:《毛诗说》,岳麓书社,1990年,第2页。

一看就是西汉儒家的想法，子夏没有这种夸张想象力。

合情合理的可能是，子夏曾现场看过老师如何以乐配诗，但音乐造诣不够，学不会，只能研究"诗三百"歌词。从而导致孔子的音乐功夫失传，后人只能按各自的方言、音调习惯，吟诵诗歌。能吟诵已不错，时间长了，多少总能有点"兴观群怨"，陶冶点人间慈悲心。真正的麻烦是，汉代以来，孔子的"诗三百"被弄成了"诗经"，变成背诵"后妃之德"之类的教条，从而多了重重障碍，要能跳出来，方可以回到诗歌吟诵本身和"兴观群怨"。

编《诗》时，孔子想不到后来这种结果。编《书》时也如此，孔子同样想不到，许多后人关心的竟是其中的《大禹谟》，不是他亲手选进来的，而是被后人加进去的，还弄出"古文尚书"与"今文尚书"的区分，说后者是西汉时流行的隶书体写的，前者是之前流行的篆体写的，前者古，更接近孔子编的《书》。

还是司马迁简单，仅说事，孔子编了一部"书传"，"上纪唐虞之际，下至秦缪，编次其事"。就是这么简单，孔子把尧舜禹至秦缪公时期，那些治理家国天下最杰出的人物各自做了什么事，呈现给时人和后人看，尽管呈现的事非常少。

编《礼》时，一样简单，由于夏代、商代礼制文献缺乏，看得最多的是西周礼制文献，便重点呈现西周礼制，而且孔子根据不断"损益"的文明史观，觉得西周礼制最好，所以对世人说：

周监二代，郁郁乎文哉。吾从周。[1]

---

[1] 司马迁：《史记》，江苏古籍出版社，2002年，第427页。

新编好的《诗》《书》《礼》《乐》，都是为了在乱世中指明正道，将季康子们引上正道。但孔子觉得它们的威力还是不够，即使季康子偶然翻起它们，看到"关关雎鸠，在河之洲"，尤其翻开《书》，看到第一句"曰若稽古，帝尧曰放勋，钦明文思安安……"①，恐怕立刻就把书扔一边了。

首句便看不懂，更不要提之后还有更难的上古表达，这让季康子们怎么看，孔子又不能篡改古文，他"述而不作"，就是将上古文献选出来，如实述出来。这怎么办？怎么能让季康子们一看，就会看下去？概而言之，这就是孔子晚年遭遇的最大教育难题之一，值得也用仿宋体凸显一下：

《诗》《书》《礼》《乐》，孔子重新编好了，虽可以传之后世，但现实纠正力度不够，无法让季康子们看了产生激烈反应，改邪归正。季康子们甚至都没兴趣看，看了也看不懂。

怎么办？怎么让季康子们一看就有兴趣，同时也能看懂。对此问题，孔子有过什么样的思考过程，子夏、子游、商瞿等研究生，有没有一起讨论出点子，今天都已无从知晓，只能从结果出发，做合情合理的倒推。

既然季康子没兴趣看诗书，也看不懂，那鲁国的历史，包括你们季氏家族的历史，一代一代干了什么，你季康子总有兴趣吧。孔子大概就是想到了这一点，决定晚年一定要利用春秋时代的文

---

① 王世舜：《尚书译注》，四川人民出版社，1982年，第3页。

献,编一部《春秋》,藉之重新对季康子进行正道教育,让他和其他大夫改邪归正。这也是孔子在其他纠正行动都没有的憋屈状态下,设法与乱世现实做最后一搏。

恰好,史官们记录了鲁隐公以来的历史,孔子可以编出一部《春秋》来。孔子因此必须感谢秉笔直书的春秋乱世史官。遭遇强权死亡威胁,也要秉笔直书,绝不粉饰历史。孔子时代,广为流传的典范便是太史伯。公元前548年,齐国大夫崔杼杀死齐庄公。崔杼和庄公都是人渣,太史伯大可按崔杼的意思写病死了事,但他仍直写"崔杼弑其君",崔杼即杀之。太史伯之弟闻讯赶来,续写"崔杼弑其君",也被杀。二弟赶来续写,崔杼杀累了,便让他去了,"乃舍之"。

更令人惊叹的一幕出现了:

南史氏闻大史尽死,执简以往。闻既书矣,乃还。①

南方诸侯史官以为,齐国史官都被崔杼杀死了,便背上竹简,星夜赶去。得知崔杼弑君已坐实载入史册,南史氏才肯返回。

什么叫职业精神?这就是史官的职业精神。春秋时期,有史官豁出命,也要直书诸侯大夫所作所为,孔子不难编成一部《春秋》,且史官的豁命精神也会给他注入强大动力。他学不了伍子胥,像太史伯那样还是绰绰有余。而且和齐国历史差不多,鲁国的历史也经常是人渣杀来杀去,整理出来,一定能让季康子们看

---

① 杨伯峻:《春秋左传注(修订本)》,中华书局,1990年,第1099页。

了触目惊心。

事实也是如此，孔子的《春秋》从鲁隐公开始，鲁隐公和齐庄公一样，也是被身边人杀死。鲁庄公时又出现庆父，为篡位先后杀死两位国君，乃至形成一则成语——"庆父不死，鲁难未已"。庆父是庄公大弟，季友是三弟。后，季友靠贿赂人除掉庆父，立釐公，升鲁国宰相，季氏由此崛起。之后，经文公，至宣公，季氏为首的三桓势力大过国君。宣公作为次妃之子能立，便是靠季氏出手，将长妃之子诛杀。之后，便是季武子、季平子、季桓子，直至季康子。每个阶段发生的事，都是不堪入目。就为呈现鲁国这些由乱臣贼子创造的臣弑君或子弑父的大乱史和各时期其他诸侯国的类似大乱史，孔子整理史料编修《春秋》，且孔子一生"自著的只有《春秋》一书"①。

开始编的时间，是在公元前481年。时，孔子七十一岁。何苦还要编《春秋》？对孔子来说，真的是没有办法的办法。或者说，除了以里面乱臣贼子的肆意妄为故事，以及最后没有一个能有好果子吃，来让季康子们看了触目惊心，孔子再也找不到其他救世教育办法了，所以必须编《春秋》。

孟子也是如此理解孔子的苦心，他说：

> 世道衰微，邪说暴行有作，臣弑君者而有之，子弑其父者有之。孔子惧，作春秋。②

---

① 宗白华：《中国哲学史提纲》，重庆大学出版社，2014年，第12页。
② 杨伯峻等：《孟子译注》，岳麓书社，2021年，第127页。

又说,"孔子成《春秋》而乱臣贼子惧"。① 司马迁也曾说:"《春秋》之义行,则天下乱臣贼子惧焉。"② 这些话,自然不是描述事实,而是替孔子着想,希望《春秋》在乱世能产生让"乱臣贼子惧"的强力教育效果,堪称后辈知者之言。孔子听了,会欣慰,面对到老了仍只能忍的乱臣贼子,孔子确实想让他们读了《春秋》后,能产生恐惧,恐惧作恶没有好下场,死后还要被教书匠祖师爷羞辱写进历史。这就是孔子战斗到晚年,对于乱世的最后一击。开头提到的那些问题,正道教导太抽象,季康子不知具体所指,必须有新的课程,也都通过《春秋》叙事解决了。

另外一点,孔子也考虑到了。"作《春秋》",和他初为人师以来的习惯做法相比,反差太大了。孔子因此担心外界有人会质疑他,甚至可能骂他:"你不是一贯主张以善教善吗?怎么到晚年了,变成了以书写罪恶为本业?难道认为以善教善是不可能的?"对于此类质疑乃至谩骂,孔子也想好了,随他们去质疑,去谩骂。懂的人,会理解,他"作《春秋》",是为了惩恶扬善,以惩恶的方式扬善,曝光鞭挞季康子们的罪行,藉此刺激他们,让他们走正道,改邪归正。

所谓《春秋》是一种比诗书礼乐更具威力的教育武器,意思也在于此。它先揭示季康子们的恶,然后惩恶扬善。懂也好,不懂也好,就这么回事,惩恶扬善,不要为编了一部《春秋》,引发各种无聊争议。正因为考虑了这些,故孔子会说:

---

① 杨伯峻等:《孟子译注》,岳麓书社,2021年,第128页。
② 司马迁:《史记》,江苏古籍出版社,2002年,第429页。

后世知丘者以《春秋》，而罪丘者亦以《春秋》。①

教书匠祖师爷教了一辈子书，教到最后，教到"蜡炬成灰"，竟只是编了一部《春秋》。而且不光连个奖都拿不到，还担心后世不理解，说他不务正业。编《春秋》，也是孔子五十岁时没法提前预料的事，是他在乱世忍到七十一岁时才知道的命。

然而仍有一件事，即使到七十一岁了，在编《春秋》了，孔子也无法提前预料。《春秋》还未收笔，结语还没写时，发生叔孙氏一伙人撒欢去打猎，打死一只怪兽，"以为不祥"，便请知识最多的国师孔子去看是什么怪兽。孔子到了，立即崩溃，瘫倒在他们说的"不祥"怪兽面前，痛哭道：这是象征吉祥天意的麒麟啊，你们也太无法无天了，世道被你们弄的，还要乱到什么程度，才可以终止啊？真是造孽哦！然后孔子悲叹一声：

吾道穷矣。②

之前，则是颜渊早逝。现在又发生"西狩见麟"。身体本已吃不消，甚至已开始病重的孔子再也没有气力写下去了，近似彻底认为，眼前乱世，终究没有人了解他——"莫我知也夫！"《春秋》随之绝笔，结语还没写出来。教书匠祖师爷原本或许还想在自己唯一的编著《春秋》里，公布研习《周易》以来的正道寻找结果，

---

① 司马迁：《史记》，江苏古籍出版社，2002年，第429页。
② 同上，第428页。

解答他在陈蔡之厄就开始遭遇的终极之问，藉之真正为乱世指明正道。但现在，因无法预料的"西狩见麟"，《春秋》提前绝笔了，没有结语。我们只能努力体会一下，教书匠祖师爷生涯最后两年曾有什么样的终极之问，可能的解答又是什么。

第五章
大教育家的终极之问

晚年由卫返鲁后，孔子没有享受国师虚荣，也并未仅是重复早期的诗书礼乐教育，而是投身以正道纠正乱世，并围绕这一大气诉求，展开其最后五年的教育努力，与季康子们主导的乱世现实做最后一搏。孔子先是以选贤、举直、错枉、不欲等抽象乏力的正道教导，试图将季康子引上为政正道。失败后，孔子又把子夏、子游、商瞿等弟子招来读研究生，和他一起深入研究历史文献，从千年历史及人事演变中寻找正道，发明更有力量的正道教育，藉之对季康子们产生更大的纠正作用，同时为乱世指明正道。

因为还想发力纠正春秋乱世，由卫返鲁以来，孔子依旧会被乱世现实搅得无法耳顺，从心所欲。七十一岁时，甚至曾想带兵挺进齐国，向祸国殃民的乱臣贼子复仇，却无法实现，以致比之前十四年流浪岁月更感失望与憋屈。多亏被尊为国师、国老，拥有比流浪时好多了的历史文献研究条件，孔子不仅能完善早期的诗书礼乐文化课，还可以依靠整理历史文献，编修《春秋》，发明了一种更具威力、孟子所谓可以让乱臣贼子们感到恐惧，进而改

第五章　大教育家的终极之问

邪归正的新教育武器，不至于面对乱世，面对作乱的季康子们，什么纠正行动都拿不出来，或返鲁后只能一直在失望与憋屈中度过余生。

编《春秋》是孔子对季康子进行抽象正道教导失败后的教育努力，实际孔子同时还有一项更重要的教育努力。但花开两朵，只能各表一枝，故前一章先专门考察孔子如何在失望与憋屈中逐渐走向编《春秋》，仅是到结尾时才提了一下，孔子还得解答因研读《周易》引发的终极之问。本章便来体会孔子究竟遭遇了什么样的终极之问，他能有什么解答。由此将看到，如果不能回答好终极之问，孔子一生的教育努力都会坍塌，乃至自己无法饶过自己，说自己误尽苍生。教书匠祖师爷有许多个史无前例，如此虔诚对待教育也是其中之一，同时意味着，要当大教育家，得像祖师爷那样有终极之问。尽管子路、冉有这些弟子见了，又要说老师太迂腐，自找苦吃，就简单当一当国老，让人家供着，等人家磕头送花鼓掌，不好吗？

一

近代以来，有许多人把孔子视为"教育家"，还有的说是"宗教家"。为此，还引起不少争论。年轻学子也参与其中，说"孔子为教育家非宗教家"[①]。这背后反映的，是借孔子的名义，讨论梁启

[①] 何伯棠：《孔子为教育家非宗教家说》，《学生文艺丛刊》1925年第10期。

超、蔡元培、章太炎等推动兴起的话题，即现代中国社会进步需要什么样的教育或宗教，顺带讨论起了孔子是教育家还是宗教家。其实，单从教育角度界定孔子，教育家这个概念也不适合，更合适的乃是大教育家。一般教育家不做，甚至想不到的事，孔子也能想到，并努力去做。

再如，一般教育家在乎的，孔子唾手可得，却不要。还有教学本领方面，一般教育家只教个语文、历史，或其他某个学科；孔子则是语文、历史、地理、体育、植物、动物乃至会计、婚礼司仪等，还有他认为最重要的音乐，都可以教，且随时都是自动生成的"跨学科主题学习"，学术质量在所处春秋时代也堪称一流。诸如此类，均说明孔子作为教书匠祖师爷，绝非一般教育家，而是一个大教育家。

前一章也让我们看到，大教育家如孔子者，早可以退休了，且都做到被尊为国老了，却还要想方设法，去教导鲁国的年轻宰相季康子，告诉他不要乱来，尤其不准不考虑百姓疾苦硬去加税。教导不了，还痛苦憋屈，要学生不要给季康子效力。他是真为家国百姓操心，而不是演戏博名获取流量。总之，加个"大"字，区别于一般教育家，更适合界定教书匠祖师爷孔子。

其次值得留意的是，提及教育家时，无论 20 世纪初期，还是今天，都很关注教育家是怎么培养出来的，故就围绕这一点再做些叙述。按孔子的观点，他并非天生就是大教育家，他也没有什么被选去培养的机会，他就是自己后天慢慢学成大教育家的。包括他之所以三次教导季康子，不要给百姓加税，也是之前他在流浪途中学到的。

当时，其他人都不去教导季康子，孔子有勇气去教导了。但即使有勇气，也不够，还必须有不能给百姓随意加税的知识。孔子之所以有这种知识，便得益于流浪期间有机会了解民间疾苦，从百姓那学到了基本的税收知识。

那还是孔子刚负气出走鲁国，到达泰山脚下时，听到有妇人在墓地哀哭，孔子听不得有人哭，让子路或子贡去问一下，妇人为何哭得如此伤心。学生问好回来，告诉老师妇人是这样说的：以前，我舅舅和丈夫都被老虎咬死了，今年，儿子也被老虎咬死了。孔子纳闷，问学生她为何还要住在山里。学生答，那妇人说，山里没有"苛政"，即没有徭役和赋税。孔子听了，马上教导子路、子贡他们："小子识之：苛政猛于虎也！"[1]流浪途中听完妇人说山里没有苛政，孔子对季康子加倍收税更感到愤怒。之后，孔子仍会遇到类似的民生疾苦，积累起来导致他返鲁后更无法仅享受国老虚荣。与此相联系，孔子作为大教育家，缘何先要教育季康子，便也可以理解了。流浪途中的民间疾苦学习，对于孔子能成为大教育家太重要，甚至不可或缺。同样，近代时，陶行知之所以能成为大教育家，也得益于没有只待在当时的首都南京，而是和孔子一样，曾深入了解农民疾苦，故能做出意义更大的大教育。

陶行知和农民一起在晓庄办学，被蒋介石查封后，仍不放弃，这一点也像孔子。孔子教导季康子，也失败了。但他七十一岁起，又带领子夏、子游、商瞿等研究生，用一年时间四处查阅史料，

---

[1] 陈戍国：《礼记校注》，岳麓书社，2004年，第78页。

编修《春秋》，藉此对季康子乃至当时所有祸国殃民的乱臣贼子，展开更强有力的惩恶扬善教育，告诉他们不能乱来祸国殃民。甚至他的《春秋》，季康子们不看，和《诗》《书》《礼》《乐》一样，也被扔进博物馆，孔子都想好了怎么面对，那就等待来世。

大教育家到晚年，无论心境多憋屈，或多无奈，至少都要为人间写一本大书，自信五百年乃至一千年以后，仍然会有人看。教书匠祖师爷晚年便是如此大气。顺着这一点，会想起孔子流浪至楚国，收到楚昭王聘书，哪知命突然又不好，楚昭王不久便去世了，孔子无处可去，再度犹如丧家之狗。楚国狂人接舆见状，唱歌鼓励孔子，说他是凤凰，让他别沮丧，将希望寄托于未来一代。

接舆的凤凰之歌给孔子安慰与鼓励之余，其实也是在提醒孔子，他必须为未来负责，而非仅是说，未来会有人认可他的正道追求与教育主张。这是凤凰之歌的本义，也是大教育家该有的自觉担当。进而言之，大教育家既要通过历史文献研究，了解过去千年有何正道，又要考虑未来千年需要何种正道。总之，十四年的流浪岁月对孔子成为大教育家作用很大，他作为大教育家所具有的诸多品质，均与十四年流浪的学习经历密切相关。

包括本世纪初，吕型伟等人提出的"大教育家"基本品质，"不唯上""不唯钱""不唯俗"[1]，对于孔子来说，不过和吃饭一样，均属日常必备。且这些基本品质在孔子那里也曾经过十四年的流浪磨砺，故更加坚固，绝非只是说说，没任何困苦考验。就孔子

---

[1] 孙孔懿:《当下何以出不了大教育家》，《江苏教育》2007年第17期。

而言，即使快要饿死了，甚至遭到子路、子贡质疑，他也不会放弃要去做大教育，即千年级的正道教育。

无论高居宰相之位，还是无处可去，哪怕十四年流浪，颠沛流离，惶惶如丧家之犬，仍不肯放弃做千年正道教育，这便是教书匠祖师爷以亲身经历塑造的大教育家。大教育家，在任何情况下，都是做大教育。在春秋时代，整个世界大概也只有两个人可以达到孔子的大教育家级别，即释迦牟尼、苏格拉底。将释迦牟尼、苏格拉底与孔子并列为一级，是近代日本学者率先提出来的，意思说他们是"人类的教师"[1]，"在任何时候，在任何社会中的任何人，都可以接受他们的教诲"[2]。

春秋时代，孔子连地理意义上的日本在哪都不知道，也不知道世上还有释迦牟尼、苏格拉底这样的人，为了做大教育，曾和他一样长期在外流浪。但"人类的教师"，孔子当之无愧，教所有的人做人，走正道，正是他的本职和一生事业。与此同时，也因为十四年流浪期间，看过从诸侯到大夫，再到隐士等各式人，走的是什么道，导致天下大乱，所以孔子归鲁后，可以超越之前的诗书礼乐，转向以寻找正道、为乱世指明正道为主，进而在晚年能有一系列新的教育努力，包括七十一岁时，还去招研究生，带领他们查找研究历史文献，以及终于有了自己的一部编著《春秋》。

正如前一章所叙，很遗憾，孔子没来得及写结语，发生叔孙

---

[1] 和辻哲郎：《孔子》，刘幸译，上海古籍出版社，2021年，第2页。
[2] 同上，第5页。

氏他们因为无知，跑去乱打猎，把象征吉祥天意的神兽麒麟打死了，《春秋》便绝笔了，以至无法看到结语，即孔子曝光惩罚完那么多祸国殃民的罪行之后，究竟要扬什么样的善，以及他最后从历史文献中发现的千年正道又是什么。

今人说，正道就是仁道。这自然对，很适合用于考试，但终究太苍白，没有力量。尤其教书匠祖师爷最后两年在系列致命打击下，仍坚强寻找正道，然后用尽全身力气以当时的竹简刻字方式，去生动揭示他所发现的正道，告诉季康子们及后世之人，看，正道就在他和几个研究生整理编著的历史文献中。

内外张力高度紧张饱满的晚年奋斗与正道探索，岂是"仁道"二字便可以概括的？如果可以，孔子早就概括了。何必遭遇系列致命打击，还要去探索正道。实在因为正道不是那么容易可以发现的，即使暂时发现了，也不一定是千年正道。像子夏看过不少历史文献后，在研究生毕业论文里，把"耕战"列为正道，就真的是千年正道？正因为探索千年正道的过程实在太难，所以孔子会说：

朝闻道，夕死可矣！[①]

所以，仁、恕，或其他轻而易举就能想到的概念，均先放在一边，还是安心体会，孔子最后两年如何在一系列致命打击下，艰难展开其正道探索。

---

① 杨伯峻：《论语译注》，中华书局，1980年，第37页。

二

  仍在查阅整理史料，《春秋》尚未开编之际，即公元前482年，孔子七十岁时，可能和来看望的弟子们一时兴起，说完不惑、知天命、耳顺等没多久，致命打击便降临了，儿子孔鲤先于父亲去世，享年五十。发妻，则在孔子归鲁前一年，流浪快结束时，积劳成疾去世，吃了一辈子苦。女儿嫁给了公冶长，家中只剩自己和两岁的孙子孔伋，孔子一时仿佛又回到了三岁时，和母亲颜氏相依为命。

  白发人送黑发人，此类生离死别对任何人而言都是至痛。和孔子同时代的迦毗罗卫国太子释迦牟尼，即因不忍众生深陷此类至痛煎熬，舍去富贵出家，立志要为超度生离死别及一切苍生之苦，发明佛门般若心法。直到八十岁离世，仍在叮嘱弟子以其心法，教众生"断除苦本，了脱生死"。[①] 佛门心法要到东汉，才开始传入中国。春秋时期的孔子只有靠自己的心力，一面对抗丧子之痛，一面继续在历史文献中寻找正道。有时，他会在历史文献中看到齐桓公，能力比鲁国隐公以来的那些诸侯强多了，但不会因为他曾称霸，维持诸侯秩序，便认为他的路即是正道。同样，看到晋文公重耳，曾在外流浪十九年，时间比孔子还长，竟也成

---

① 樊锦诗:《从王子走向神坛——释迦牟尼的传奇人生》，上海人民出版社，2007年，第134页。

就了霸业。然而即使流浪经历方面能有共鸣,孔子也不认为晋文公走的路便是正道。

看过齐桓公、晋文公的记载,孔子的评价是"晋文公谲而不正,齐桓公正而不谲",意思是齐桓公做事还敞亮,如同样伐楚,齐桓公"仗义执言,不由诡道",晋文公"则伐卫以致楚,而阴谋以取胜,其谲甚矣",但孔子认为,二人"心皆不正"[1],远不如他当初做教师以来崇拜的周公。然而面对浩瀚千年历史,孔子也不敢下结论,周公就是最好的正道。他只有在丧子之痛中继续寻找史料。

像子路,恐怕会希望周公之路便是千年正道。这样,省得老师再去费力查阅。但老师太迂,一定要都整理完了,才敢有定论,不知道简单点,把论文发出来拉倒。何况早年对学生讲了那么多,什么是仁,就总结一下写篇"论正道就是仁道",不也可以吗?但不听劝,有什么办法?子路只好多抽空来看看,让老师骂骂他是粗人,心里也能畅快点。

子路自然是好心,尽管他不明白,老师何必去看那些历史文献。子路尤其不理解——当然也可能不知道,老师还巴不得自己可以尽可能多看到点历史文献。如后文将进一步展开叙述的,对孔子而言,就怕自己掌握的历史文献不够,而不是看不完。就这一点而言,子路或许真不知道。不然,他可能就要专门去说:老师,少看点算了,身体吃不消的。或者会去骂子夏、商瞿:你们读的什么鬼研究生?老师要的史料都查不到,害得老师自己费

---

[1] 朱熹:《四书集注》,岳麓书社,1987年,第223页。

力去查。

毕竟七十岁了，子路非常担心，老师会吃不消，扛不住。不久，便传来老师生病的消息了。子路急得没办法，竟不顾老师教导，拜起鬼神来，祈求鬼神保佑老师能迅速康复。孔子后来知道这事，还特意问子路：我生病时，你去拜鬼神了？子路说：是的，拜了，不拜不行啊。子路答完，以为老师会训他，没想到，老师居然说：

丘之祷久矣。①

没想到，是因为子路记得，他以前问老师怎么伺候鬼，结果被老师训了一句："未能事人，焉能事鬼？"② 人都没伺候好，还想伺候鬼？

其他学生也记得，老师本不教鬼，所谓"子不语怪力乱神"③。然而到晚年，孔子竟说自己早就开始向鬼神祈祷了。难道是五十岁以来研习《周易》带来的副作用？或者到老了，明白许多事，包括认为是自己的天命的事，均会有始料不及的变化，必须向鬼神祈祷，保佑少发生人意难以把握的不利变化。即如生病去买药，求鬼神保佑，不要碰到惟利是图的奸商，买到的是假药。

特别是祈祷完，病碰巧很快便好了，更可能会习惯去祈祷一下。或许这一点，也会让孔子对研习《周易》更感兴趣。包括后

① 杨伯峻：《论语译注》，中华书局，1980年，第76页。
② 同上，第113页。
③ 同上，第72页。

文将提到的非常重要的一件事,即研习《周易》的副产品——卜筮之术,孔子可能也会因为向鬼神祈祷,更感兴趣。

病好了,孔子又可继续。到第二年,正式开始编《春秋》了。然而之后,第二次致命打击便来了。这次是最喜欢的学生颜渊不幸英年早逝。十四年流浪岁月,孔子曾一次又一次遭遇无法预料的死亡困境,到晚年好不容易安定,准备研究历史文献中的千年正道了,又迎来一次又一次的致命打击。

本来,孔子已定好让颜渊来继承学术教育事业,即钱穆所谓"孔子于颜渊独寄以传道之望"[1],颜渊可谓孔子学术教育生命的延续。而且正如前一章所叙,正是想到几个老弟子中,还有颜渊一直在陋巷求道,孔子才觉得不孤独,但颜渊突然没了。尤其想到,当年被匡人围困,颜渊五天后才赶到,为安慰心急如焚的老师,他还特意说了句:做弟子的,怎么能比老师先死?百年后,还要给老师尽孝呢。

竟然一语成谶。因此不难理解,为何收到噩耗时,孔子会悲痛到怨起天来,连叹,老天啊,你这是要了我的命啊:

噫!天丧予!天丧予![2]

英年早逝原因不明,或许就是刻苦用功过度,经济条件不好,营养长期不良,加上体育也不好。唉,老师跟着遭罪,至少是半

---

[1] 钱穆:《孔子传》,生活·读书·新知三联书店,2002年,第78页。
[2] 杨伯峻:《论语译注》,中华书局,1980年,第112页。

第五章　大教育家的终极之问

条命没了。七十一岁的孔子先是痛哭,"哭之恸"。学生劝老师,哭得太伤心了,身体受不了的。老师竟不知道自己在痛哭,反而问学生"有恸乎?"等缓过神来,又说,颜渊死了,"我不为这样的人伤心,还为什么人伤心呢?"① 到下葬时,又是新一轮痛苦。颜渊家里穷,父亲颜路没有钱,想让孔子把马车卖掉,为颜渊置办外椁。孔子即使做过宰相,也没有钱,马车是其仅剩的大夫身份证,无法卖,只能对颜路说,儿子孔鲤去世也只有棺,没有椁。子贡有钱,他跟其他弟子商量,想厚葬颜渊,老师说"不可"。原因也是把颜渊当儿子看,不能办得跟孔鲤不一样。

老师还怕颜渊泉下有知,以为老师不把他当儿子一样看待,含泪喃语:颜渊,我没有厚葬你的想法,是你那几个同学说的。我就是把你当儿子一样看待。说完,孔子又痛哭。《春秋》只能搁置了。

悲痛葬完颜渊,孔子大概老会想起,三十多年前,自颜渊和高柴、宰予他们几个作为第二期学生进来,颜渊一直表现最好。然后又会想起,三个最重要的弟子中,也是颜渊品德最好。孔子太了解这三个弟子了。像子路,他是这样的人,"人善我,我亦善之;人不善我,我不善之"。子贡呢,比子路心思活络,对他不好的人,他就把人家忽悠得围着他转,即"人善我,我亦善之;人不善我,我则引之进退而已耳"。颜渊和他们都不同,颜渊是:

---

① 杨伯峻:《论语译注》,中华书局,1980年,第112页。

人善我，我亦善之；人不善我，我亦善之。①

世间罕见的好学生，菩萨心肠的好人，就这样突然死了，从孔子的世界彻底消失。孔子因为颜渊早逝悲痛，还惊动了鲁国上层。鲁哀公来慰问，或许因许久没交往，哀公不知道说什么好，竟问"弟子孰为好学"。本已节哀很多天快要平静了的孔子，一下子又悲痛欲绝：

有颜回者好学，不迁怒，不贰过，不幸短命死矣，今也则亡，未闻好学者也。②

没有好学的了，甚至整个鲁国也看不到还有谁好学，唯一一个好学的，短命死了。

季康子也来探望，他和哀公像是预先开过会似的，同样问孔子，"弟子孰为好学"，难免让人觉得，他似乎是有意刺激，让孔子继续伤心，干不了其他事。

听到季康子问，孔子只说"有颜回者好学，不幸短命死矣，今也则亡"③，便把季康子打发了，没说颜渊错误从不犯两次，整个鲁国没有好学的人。对一直犯错、不关心鲁国百姓的季康子，说这些没用。哀公倒是好学，孔子也希望他听了能振兴鲁国教育，但同样是白说。

---

① 魏达纯：《韩诗外传译注》，东北师范大学出版社，1993年，第306页。
② 杨伯峻：《论语译注》，中华书局，1980年，第55页。
③ 同上，第111页。

第五章　大教育家的终极之问

不知道接连丧失妻子、儿子和得意门生的孔子是怎么走出痛苦的,只看到他的《春秋》还没写到结语,便被叔孙氏请去辨认被他们打死的神兽。令孔子瞬间觉得,《春秋》没有结语乃是天意。快要写结语了,曝光惩罚完恶之后,应该弘扬什么样的善,以及乱世需要走向什么样的正道,孔子本来都会给出答案。恰在此时,象征吉祥的麒麟也出现了,预示天下将由乱转安,意味着他在结语里给出的正道解答,能和天意对上,他的解答符合天意。

然而,麒麟才出现,便被乱臣贼子打死了。如此巧合,孔子无法不认为,原来是另一种天意显示于尘世,老天是在告诉他,他的解答无法纠正乱世。既如此,《春秋》只能提前绝笔,结语留给后世来写。如此理解天意,孔子初为人师以来,根本不可能会有,直到五十多岁时,夹谷会盟,隳三都,孔子仍相信自己的想法能够纠正乱世。对于天意,孔子也自信,凭其道德良知,瞬间便可把握,无需加以专门研究与计算,且不会有错,故能说出:"天行健,君子以自强不息"①"地势坤,君子以厚德载物"②。

所言,均是以自己的意思界定天意和天道。也多亏春秋时,大地一览无余,没有密集的小区、高楼、大巴车、土方车、电瓶车头盔,遮挡住视线,当孔子兴起为天下苍生发奋图强的道德胸怀时,大地的广袤无垠及其滋养万物生长,尽收眼底,正好可以和其造福天下苍生的道德胸怀对上。不然,极目望去,四周都是墙壁、汽车或头盔,便产生不了大地般宽广的道德胸怀。但无论

---

① 黄寿祺等:《周易译注》,上海古籍出版社,1989年,第8页。
② 同上,第27页。

怎样，都是认为人意可以界定天意。五十岁之后，隳三都，没隳成，加上齐国送美女花车来捣乱，季康子天天不上班去看，也没算到，孔子逐渐变了，变化原因正是研习另一类历史文献即《周易》，他最后两年也因此不得不遭遇大教育家才有的终极之问。

三

《周易》，最初缘于华夏始祖伏羲"始作八卦，以通神明之德，以类万物之情"，简单说就是为揭示天道，让天下苍生遵循天道过得更好。方法则是十数年如一日，观察天地万物人事，总结其运行变化与治乱吉凶祸福规律。目的与方法合在一起，即孔子所谓：

古者包牺氏之王天下也，仰则观象于天，俯则观法于地，观鸟兽之文与地之宜，近取诸身，远取诸物，于是始作八卦，以通神明之德，以类万物之情。①

能如此简明扼要地概括伏羲八卦如何形成，有何目的，可见孔子意诚心正的历史文献解读能力的确非凡，否则便写不出华夏始祖"通神明之德""类万物之情"的虔诚敬天与博大慈悲，希望数十年执着用心观察形成的八卦，能符合天道，让天下少一些动乱灾祸，多一些太平安康。不像手机视频里一些心术不正的伪八

---

① 黄寿祺等：《周易译注》，上海古籍出版社，1989年，第572页。

卦专家，说了很多，均不得要领，都是为忽悠人，骗人钱财；也不像近代一些物理学家，不听爱因斯坦的忠告，将科学用于制造速度、能量史无前例，可迅速毁灭人类的核武器。这类研究万物的科学家心术同样不如华夏始祖及孔子良善，连释迦牟尼的同情世间疾苦也没有。

　　伏羲之后，便是周文王根据自己数十年的人事研究与计算，包括被商纣抓进监狱里，也未中断研究与计算，得以将八卦分为六十四卦，一一配上其研究的人事，从而写成《周易》。孔子研习的便是文王《周易》——尽管他无法还原六十四卦背后的文王人事。

　　和当初学习礼乐的情况一样，孔子决定研习《周易》以来，也曾经历好学、乐学等喜爱程度逐渐升级的发展过程。到晚年安定了，对《周易》更是爱不释手。如司马迁所言，为求前后理解与贯通，孔子翻来翻去，竟曾至少把编联竹简的牛皮绳，弄断了三次，"韦编三绝"。也正因为乐学用功，孔子除了曾创造翻断牛皮绳三次的刻苦读书记录，还为后世贡献了五大《周易》导读论文，包括"序《彖》《繫》《象》《说卦》《文言》"。[①] 前面所引八卦宗旨及方法，便来自孔子的系辞。

　　就孔子而言，其研习《周易》，并非仅是为了解《周易》本身大义，而是为学以致用，即通过研习《周易》，辨析天下安危存亡治乱之道，寻找正道，为春秋乱世指明正道。用孔子的话讲，便是：

---

① 司马迁：《史记》，江苏古籍出版社，2002年，第427—428页。

是故君子安不忘危，存不忘亡，治不忘乱。是以安身而国家可保也。①

研习《周易》，理解伏羲文王，是为乱世中的自己及国家寻找正道，所以孔子还特别指出，研习《周易》者，首先要有德。他还专门举例，说"巫之师无德，则不能知易"②。

看来，孔子时代，也有伪《周易》专家，巫师群体中尤其多，冒充知《周易》，实际因无德，心术不正，知不了《周易》，就骗骗人。孔子跟他们不一样。前文强调孔子的非凡八卦历史文献解读能力时，之所以加上"意诚心正"，也是为了凸显孔子是有德者。求仁得仁，孔子读《周易》，是为让自己、国家和天下能走上正道。且孔子刻苦研习《周易》，先是为国家、天下寻找正道。就像编修《春秋》，是为了让季康子们认识罪恶，将他们引上为政正道。

近年，还有学者注意到，春秋以来的读《周易》者，或认为《周易》是"卜筮之书"，或主张《周易》是"义理之书"。相比他们，孔子则还能从《周易》中体会出文王写作过程中的"忧患之心"，和其学习文王琴曲时，水平如出一辙。言外之意，《周易》蕴含文王的商末历史经历与心志，因此它还是"历史叙事"。相比春秋以来的各路《周易》名家，"孔子对文化遗产的这种了解方式，及其所能够达到的深刻程度，现在看来，简直是匪夷所思"③。

---

① 邓球柏：《帛书周易校释》，湖南人民出版社，2002年，第569页。
② 同上。
③ 何益鑫：《〈周易〉卦爻辞历史叙事研究》，上海人民出版社，2021年，第52页。

但非凡心意与见识还需史料为证，孔子所缺的恰恰是文王史料。叫子夏他们去找，找到的主要是周公史料。正是"由于缺乏文献的证据"，孔子的非凡见识，如"认定《周易》为文王遗言"，"没有得到很多弟子的理解"。像子贡，便向老师"反复提出疑问"。"颜回又不在身边"，孔子"孤独之感越发强烈"。[1] 连弟子们都不认可，已在暗示，即使孔子能从《周易》和文王那找到正道，也无济于事，乃至自己也会怀疑，所获正道是不是对的。

比弟子们不认可更麻烦的是，孔子的时间不多了。他意识到了这一点，故曾感叹：

加我数年，五十以学易，可以无大过矣。[2]

从五十岁开始学《周易》，都是断断续续的，没学好，所以对于许多事，老会估计错，甚至都估计不到。前文也提到，孔子无法提前算出，齐国送美女花车来破坏鲁国改革。甚至他之后负气出走，晚年可能也曾后悔，觉得太急了。要是像文王那样，沉住气，多算一算各种人事可能变化，或许就会好多了。当然，孔子有没有后悔，还缺史料，只是合情合理推测。但可以肯定的是，孔子晚年归鲁研习《周易》，的确非常用功，其用功程度曾让弟子特地记下：

---

[1] 何益鑫：《〈周易〉卦爻辞历史叙事研究》，上海人民出版社，2021年，第54—56页。
[2] 杨伯峻：《论语译注》，中华书局，1980年，第71页。

> 夫子老而好《易》，居则在席，行则在囊。①

　　回到五十岁，重来一遍，已绝无可能。孔子只能期望，晚年发力学《周易》时，老天能给他加几年寿。要知道，孔子晚年研习《周易》，甚至想去研究人以及世间万物是怎么变化出来的。如其所谓：

> 夫易之生人、禽兽、万物、昆虫，各有以生。或奇或偶，或飞或行，而莫知其情，惟达道德者，能原本之矣。②

　　这么大的课题，何止需要多加几年寿。但见孔子即使天天把《周易》放在身边，时间也还是不够，毕竟都已经七十岁了。尤其第二年颜渊去世后，半条命没了，更感时日紧张。孔子只好恳请老天，能多给他几年时间。

　　然而，怎么能肯定老天会让他如意呢？孔子倒不是为了将文王的《周易》绝学续下去，或真去开创人学及世界万物之学，他就是仅为能多有些时间，去找更多史料，证明自己靠非凡理解从《周易》和文王那发现的正道是对的，然后可以写进《春秋》的结语里。至少要能让自己的学生信服吧，否则他们各自随意发挥，即便本来有正道，也会因为史实证据不够，到后来必然要变样，乃至面目全非。

---

① 邓球柏：《帛书周易校释》，湖南人民出版社，2002年，第572页。
② 方向东：《大戴礼记》，江苏人民出版社，2019年，第435页。

第五章　大教育家的终极之问

后续发展的确如此,以至儒家内部各路人马,自战国起,为争夺孔子正统或道统,争了两千多年。但孔子管不了后世,他能管的就是找到更多史料证据,证明他从《周易》和文王那里发现的正道,就是可以让乱世转向长治久安的唯一正道,并靠史料把它呈现出来。然而,他终究找不到足够的史实证据,可以消除弟子质疑。

时日又不多了,老天不会给孔子增几年寿。春秋时期,孔子历经十四年流浪磨难,几次深陷死境,还能够活过七十,已经多亏因为是仁者,老天才多次眷顾,匡人、桓魋都不敢下手杀死仁者。要求老天更多,孔子自己也开不了口,而且生病已求过老天保佑康复了。

无计可施、焦急万分的孔子,即因此决定动用《周易》的副产品,即卜筮之术,来弥补史料证据缺乏。类似今天以抽签或抛硬币的方式,看看自己的非凡心意与正道发现,是否能和天意达成吻合。能的话,即使史料证据不足,也可以有最权威的天意加持,然后把研习《周易》得出的正道公布出来。

从弟子们的回忆看,孔子正式卜筮前,似乎还热身练过手。具体是这样的:有一次祭祀老师,弟子们说,老师去世前,跟老师读研,专攻《周易》的商瞿,快四十了仍无后。他母亲为了让商瞿在家生孩子,还不让老师派商瞿去齐国调研。老师便跟商瞿母亲说,商瞿四十岁之后肯定有儿子。后来,果然如老师所算。弟子们随之问扮演老师的有若,商瞿四十岁之后会有儿子,老师是怎么算出来的。

有若默然无以应，弟子起曰："有子避之，此非子之坐也！"①

被录取为研究生攻读《周易》的，只有商瞿。有若连研究生也未考上，不在现场，自然答不出来。子贡等同门立即把有若赶下台，说他不配坐在老师的席位装老师。有若只好等下次祭祀老师，再做老师。

商瞿去哪了，有若后来有没有去问商瞿，老师怎么靠卜筮，算出他四十岁之后会有儿子的，都无法知晓。但这一故事却可以表明，看来，孔子学卜筮学得挺快，就是听起来有点玄乎。不过，孔子正式卜筮前，曾练过手，确有其事。了解内情的子贡即因此十分纳闷，曾做过宰相的老师为什么会干这种事，居然差不多变成巫师或算命先生了。

很爱惜世俗名声的子贡不能接受，所以曾直接去问：老师真的相信算命？弄得老师也不好意思，急忙解释：

我观其义耳。吾与史巫同途而殊归。②

是的，算命了，孔子被逼得没办法承认了。但他告诉子贡，他只是用了巫师的方式，目的和巫师绝不一样。他是为了看自己对正道的把握，是否能和卦象上的天意吻合。

① 司马迁：《史记》，江苏古籍出版社，2002年，第536页。
② 邓球柏：《帛书周易校释》，湖南人民出版社，2002年，第575页。

其实，卦象上的天意，也是人写的，是文王或周公写的。但那时，没有今日的各类"科学""先进"的量化年终考核表，除了卜筮，问最权威的老天，七十一岁的孔子实在是找不到其他办法，来最后评价自己追求的正道是不是对的，合符天意与否。他不想为寻找正道辛苦忙碌了一辈子，死后却被人认为是错误的。唉，世上有多少老师会像他这样，进入一生最后两年时光了，还要琢磨自己一辈子究竟教了什么东西，教的东西对不对；自己死后，甚至千年之后，自己教的东西能不能经得起时间考验。

应付完子贡的质疑，孔子正式开始卜筮问天，自己一辈子教的东西对不对。他把自己关在屋子里，不让人家看到。但见卜筮流程走完，孔子捡起卦象，一看是贲卦，然后整个人就傻掉了，"愀然有不平之状"。[①] 子张跑进来，问为何不平，孔子说了一通。子张有没有听懂，尚难判断，但老师内心正道崩塌却是事实。这是孔子晚年遭遇的一种由算命引发的致命打击，他的终极之问即是由卜筮所得的贲卦促成。

按《周易》，贲卦象征"文饰""人文"。卜筮结果有数种，吉凶好坏不一。如第一种，文饰"亨"，属起码必备的文饰，"小利有攸往"。最好的一种是"上九，白贲，无咎"，即"素白五华的文饰"。坏的有"贲其须"，类似只是修下边幅，整容，有文无质，或无用之文。再如，贲像是"山下有火"，则是提醒文饰"不宜滥施"。孔子所得贲卦正是"山下有火"，意味着他新编的《诗》《书》《礼》《乐》，乃至《周易》导读及《春秋》等，都属于"文饰"过

[①] 王肃：《孔子家语》，中州古籍出版社，1991年，第44页。

度，连"亨"都不是，更不要说是"上九，白贲"。① 白贲型文饰或人文，堪称直逼真正的天文和天道。

说起来，《周易》六十四卦卜筮，也够神奇：类似孔子抽了支竹签，上面写的是贲，贲恰好讲文饰，而孔子的职业正是文饰。如果孔子抽到其他卦，农业啊，军事啊，都没事，除非再抽。可孔子偏偏抽到的是贲，而且是"山下有火"之贲。看到此卦，他无法不怀疑，《诗》《书》《礼》《乐》以及《周易》导读、《春秋》等文饰，以及其中传授的正道，均属太多，太过了，既不是起码必需之道，更不是天文、天道。

卜筮前及流程中，孔子求老天保佑，他创造的文饰与正道能接近天意，或就是天道。但卜筮后，老天告诉他不是。期望落空，即孔子所谓"今得贲，非吾兆也"②。对此，不能简单以"迷信"二字，批评奋斗了一生的教书匠祖师爷竟去测算天意，而至少应同情理解教书匠祖师爷的伟大苦心与终极虔诚。他太想自己能为乱世找到老天认可、天下必从的正道，恢复西周时的天下统一与安定。到七十一岁了，他仍担心自己没有找到老天认可的正道，他的文饰正道与天意不符，还不是天道。

后世有的理学家竟自大到认为，自己能"体贴"出"天理"。唉，和祖师爷的终极虔诚与无限谦虚比，境界真是差得十万八千里。这类自大的后世弟子认为自己早懂了，故到晚年时根本不会，甚至也提不出祖师爷曾提出的终极之问。教书匠祖师爷的终极之

---

① 黄寿祺等：《周易译注》，上海古籍出版社，1989年，第188—194页。
② 王肃：《孔子家语》，中州古籍出版社，1991年，第44页。

问，同样值得用仿宋体加以概括凸显一下：

天道是天下必从之道。那么，究竟什么样的正道才接近天道，是天下必从之正道呢？

仁义礼智，以及三纲五常，便是理学家体贴出的"天理"或"天道"。但教书匠祖师爷不会这么简单对待界定天道，他到离世之际，也不敢说，自己初为人师时便讲过的仁义，就是天意或天道，否则天下人为何不从呢？

决定采用卜筮，显示研习《周易》让孔子形成了新的思维方式。之前，他喜欢类似陆九渊的方式，"宇宙即是吾心，吾心即是宇宙"[1]，或吾文即是天文，吾道即是天道。精通《周易》之后，孔子形成了天文与人文、天道与人道两分的思维方式。随之，也会有天道之教与人道之教、天文之教与人文之教的划分。

天道是什么？天道是天透露出来的，然后被圣人发现，将其作为天下必从之道。孔子认为，就像他在书课教本及平时教学讲到的，尧，便是发现天下必从之天道的圣人，从而教导百姓，春天来了必须播种，夏天热了必须少穿衣服，发洪水了必须治理河道。

百姓没有不听从尧的天道。孔子甚至指出，"天最高最大，只有尧能够学习天"，所谓"惟天为大，惟尧则之"。[2] 孔子呢？他说

---

[1] 陆九渊：《陆九渊集》，中华书局，1980年，第273页。
[2] 杨伯峻：《论语译注》，中华书局，1980年，第83页。

孔子的教师生涯

自己能学到的，以及过去所做的，仅是以"人文"化成天下，离圣人的天道之教，天道化成天下，还差得远。所以孔子必须追问，什么样的正道能接近天道，是天道一般的天下必从之道。

这是教书匠祖师爷一生最后的诉求。教书匠祖师爷之所以是祖师爷，比后世诸多轻易便自大的传人厉害，也正因为到快要离世时，仍在探索天大的终极难题，以确认自己辛苦一辈子教的东西绝对是正确的，就像春天来了必须播种一样，经得起千年考验。孔子自己，包括我们，可能都不会想到，都到晚年甚至最后两年了，还得去想这样的问题：

教了一辈子，忙得要命，那到底教了什么，教得对不对呢？

像当初那样，教人读"诗三百"，孝顺父母，听听优美动人的音乐，努力做个仁者，有什么不对？然而教书匠祖师爷偏要去较真，为什么季康子们不听从教导？乃至自己的弟子，也要质疑说，乱世教这个没用，人家都教怎么打仗，或见到各种人怎么说话，吃得开。诸如此类的，孔子都无法视而不见，所以必须琢磨自己教了什么。但说到底，孔子就是因为想弄清自己教的东西，能否像天道那样经得起千年考验，才有了终极之问与最后诉求。为此，他曾多么希望，老天开口告诉他：你超越了一时之需，教的是世间长久天道。

四

后世传人中,孟子是难得的知者之一,他说能担当天降大任的,都是先"苦其心志"不知道多少回了。孔子从十六七岁认祖归宗,到流浪十四年至少四次深陷死亡绝境,再到六十八岁以来妻子、儿子、得意门生先后去世,以及亲眼看到神兽被杀,心志又苦过多少回?这次,是到快要离世时,因为除了卜筮,便没办法检验自己追求的正道是否接近天意,结果到老还要来一次苦心志。唉,教书匠祖师爷很虔诚地去抽个签,抽到的却是贲,"山下有火"。

手拿贲卦发呆的孔子,心里有多苦?局外人包括弟子们,都难以体会。颜渊又不在,孔子更苦。因为"山下有火",不知道孔子考虑了多久,只见他突然对弟子们说了一句:"予欲无言。"教书匠祖师爷什么也不想说了,他不知道自己说的和教的东西,到底对不对。不弄清楚之前,他不想说了。

如李零所见,"不说话,多憋得慌"[①]。忙完外交,回到鲁国的子贡得知情况后,非常着急,跟子夏、子张他们商量,得想办法让老师说说话啊,不能一直闷着。子贡知道,老师最喜欢教学、训话,于是问:"子如不言,则小子何述焉?"老师不说话,我们这些弟子将来传什么道呢?很擅长外交的子贡还是说漏了嘴,戳

[①] 李零:《丧家狗:我读〈论语〉》,中华书局,2022年,第3页。

到老师正心痛之处，但没想到终于让老师开口说话了：

天何言哉？四时行焉，百物生焉，天何言哉？①

子贡老是不懂他，以及由此积累的心烦，还有他最后要追求的乃是能够接近天文、天道的正道，而非"山下有火"般过度的人文或文饰之道，都被孔子言简意赅、淋漓尽致地表达了出来。你们看，老天说话吗？老天从来不用说话。我说什么呢？我说了，你们听吗？

颜渊不在了，现场重要弟子，就差子路，他还在卫国做家臣。真想知道，如果子路在场的话，会说出什么样的话。事实上，孔子之所以必然遭遇终极之问，源头正可以追溯到陈蔡之厄时期，子路带头起来吐槽，说老师的诗书礼乐教育，天下人不会听从，所以落入了快要饿死的困局。是啊，既然诗书礼乐都是正道，为什么天下人不听呢？

回到鲁国后，这个问题显然在继续加重，看看诸侯大夫们都在干什么，便知道肯定会加重。天下人不听，哪怕重新修订完善了《诗》《书》《礼》《乐》，还费力编了一部《春秋》，仍不听。包括研习《周易》，因天赋好，又刻苦，有非凡发现，还有文王之名加持，认为正道是文王之道，文王之道接近天道，但仍然被子贡为首的弟子们质疑，说没有史实证据，他们不信。

弟子们不光不信卜筮，连老师晚年费力研习《周易》，韦编三

---

① 杨伯峻：《论语译注》，中华书局，1980年，第188页。

绝,这件事本身都不认可。"在群弟子看来,《周易》仍然不免有卜筮之书的嫌疑。"算命之书有什么好研究的,老师竟还要从中推演文王之道。弟子们的理解能力,显然被卜筮之书卡死了,不会有孔子那样的非凡直觉——《周易》是历史文献,所以弟子们认为"说《周易》是文王遗言,记载了文王之道,实在很难让人信服"。① 除非老师能拿出史料事实证据,来证明之。

连鲁哀公,平时很相信孔子的人——尽管白信,不知为何,竟然也学会了要孔子拿史料证据。哀公问:国家存亡祸福是靠人,还是靠天?哀公也可怜,国君之位已坐了十年,始终不由自主,只能听天由命,故会问出有为国君根本不会问的可怜问题。孔子理解他,总是正面鼓励他。这次也是如此,孔子对哀公说"存亡祸福,皆己而已",依旧是鼓励他,不要自暴自弃。以往听完孔子教导,哀公都是回:讲得好啊。没想到,这次听完,除了讲好,居然还加了句:有史实证据吗?即所谓"善!吾子之言,岂有其事乎?"可怜哀公十年不能自主,又不研究历史,近似糊涂到以为世上国君都和他一样,只能靠天吃饭,不相信世上存在有为国君。孔子继续理解他,从商朝帝辛起,给哀公讲了好几个案例碎片。哀公听完,来了句:

寡人不鄙固此,亦不得闻君子之教也。②

---

① 何益鑫:《〈周易〉卦爻辞历史叙事研究》,上海人民出版社,2021年,第55—56页。
② 王国轩等:《孔子家语》,中华书局,2016年,第68页。

哀公，可怜，诚实，不仅承认自己孤陋寡闻，还庆幸自己孤陋寡闻，所以才能听到孔子的历史知识教导。孤陋寡闻的人，也知道要孔子拿史实证据。何况是见多识广、能言善辩如子贡。可子贡呢，其实也是只知其一，不知其二，被卜筮之书这个概念框死了，理解不了孔子说，《周易》不仅仅是卜筮之书，还是记录文王行事与心志的历史文献。因为理解不了，所以子贡只知道要老师拿出史料证据，来证明《周易》是历史文献，其中有文王之道。

拿不出史料证据的孔子，曾渴望弟子们尤其是子贡能理解他。他对子贡说，"没有人知道我啊"。子贡仍想改变老师，故反问"为什么没有人知道你呢？"依旧是要老师检讨，没人相信他的话，原因在自己身上。孔子自觉没戏，便不求子贡理解了，对天自言自语了事：

不怨天，不尤人，下学而上达，知我者其天乎。[①]

老天知道他说的是对的，孔子只能这样安慰自己："不怨恨天，不责备人，学习一些平常的知识，却透彻了解很高的道理，知道我的，只是天吧。"[②]但安慰终究消除不了遗憾：拿不出史料证据，不仅无法证明自己靠直觉"透彻了解"的文王之道接近天道，是天下必从可以纠正乱世的正道，而且也写不出一部更想写的历史书，即在《周易》的基础上，以史实叙述生动呈现文王之道，

[①] 杨伯峻：《论语译注》，中华书局，1980年，第156页。
[②] 同上。

拿给季康子们看。这部书，比《春秋》还重要。但写不出来，只能给《周易》写点导读，表达自己的体会和"透彻了解"的道理。

证据不足，在平时也是很麻烦的事。哀公又来问：今天的国君，谁"最贤"？孔子说没见过最贤的，硬要说一个，或许卫灵公可以算吧。哀公再次要孔子拿证据。然后孔子说了一大堆话，卫灵公重用这个人，那个人。① 但这里要说的是，孔子对卫灵公的了解有限，所说的见闻也不一定可靠。特别是子贡，更了解孔子提到的人，实际是什么样的人。孔子大有可能会看走眼。

再如，孔子对曾子说，他死后，"子夏会一天比一天进步，子贡会一天比一天退步"。曾子问为什么，孔子答，因为"子夏喜欢和比自己贤能的人相处，子贡喜欢与不如自己的人相处"，所以"君子必慎其所与处者"。② 和评价卫灵公一样，这里孔子最后得出的"道理"，也是建立在不可靠的证据之上。实际，子贡退步，子夏进步，并不一定能成立。尤其日后将看到，老师死后，子贡比子夏为老师做的多多了。子贡固然没什么可以传授的道，进步的子夏则转向了老师不会同意的道。

大概孔子自己有时也会意识到，没有可靠的史料证据真不行，所以不卜筮时，或放弃卜筮之后，他又潜入身边拥有的一堆历史文献，仔细阅读每一句话，希望能找到有用的可以逐渐揭示文王踪迹的历史线索。但仔细阅读也有很大风险，可能带来的打击不比卜筮小。

---

① 王国轩等：《孔子家语》，中华书局，2016年，第124页。
② 同上，第151页。

诗歌类文献有许多西周早期的历史记载,所以孔子独自去读,读着读着,便遇到了不比卜筮得贲卦小的打击。孔子"读到《正月》第六章时",看到其中所记"不达君子",竟"表现出一副提心吊胆很警惧的样子",直叹:

彼不达之君子,岂不殆哉?从上依世,则道废;违上离俗,则身危。时不兴善,己独由之,则曰非妖即妄也。故贤也既不遇天,恐不终其命焉。①

显然,这次读诗比卜筮结果还坏,卜筮只是让孔子觉得,自己追求的正道不是天道,是"山下有火",是文饰过多。这次读书,则让孔子发现,自己竟是诗里的古之不达君子,不"从上依世",独走正道,没有人理解,还被人视为"非妖即妄",如此下去,恐怕连终养天年都难保。

但最后两年岁月,孔子终究没有改变自己,去"从上依世"。再说,哀公也没什么好依的,他也要靠孔子时时给予安慰。季康子,孔子早就把他开除了。世俗,那是弟子子贡擅长的世界。这时,那句"从心所欲,不逾矩",恐怕真正派上了用场,就自由坚守自己的正道尤其文王之道。连周公很久都没有梦见了,有文王之道,足矣(今天的史学已能证明,《周易》其实还记录了周公行事与心志,故《周易》乃是文王周公之道,但孔子无法知道这一点,不然他更高兴)。

① 王国轩等:《孔子家语》,中华书局,2016年,第127页。

所以最大的麻烦仍旧是孔子拿不出史实证据，证明《周易》是文王之道，而非只是自己的非凡推测。唉，子贡、子夏等弟子们为什么就不去迁就一下老师呢？或者，孔子为什么不愿自大，就说自己"体贴"出来了，文王之道就是天道，无需证据，不接受的话，就等于违背了天理、天道，外加欺师灭祖？子路呢，难道在卫国忙，替大夫孔悝、孔悝父子处理祸事，不知道老师也正孤立无援？

教书匠祖师爷太实诚，又太包容子贡、子夏这些学生。就这样，他不仅因卜筮遭遇了终极之问，而且没有办法回答。和编《春秋》一样，孔子的《周易》研习也没有结语，更无法找到充足史料，写一部晚年最想写的《文王之道》或《天下必从之正道》。但两件事都以失败收尾，恰恰更能表明孔子太诚实了，决不讲大话、空话、假话，骗人。

即将走到教师生涯终点了，孔子依然相信那句"我欲载之空言，不如见之于行事之深切著明也"。只是他找不到足够的文王"行事"史料来证明，来生动彰显文王之道最接近天道。本章也因此无法呈现孔子晚年试图寻找的正道，究竟是什么样的正道，只能引用孔子研习《周易》的一句重要心得，做些交代，不至于一章下来，对于正道是什么样，一点印象也没有。

子曰："《易》其至矣乎！夫《易》，圣人所以崇德而广业也。知崇礼卑，崇效天，卑法地。天地设位，而《易》行乎其中矣。成性存存，道义之门。"①

---

① 黄寿祺等：《周易译注》，上海古籍出版社，1989年，第188—194页。

圣人，即周文王。孔子的意思很清楚，他认为，《周易》记录的是周文王如何依靠了解天道演变，形成并传播其推崇的道德，扩大其治国安邦伟业，学好《周易》可以接近天道般的文王正道。但这些心得终归太抽象了，没有历史事实，还是很难理解。故也不能一味责怪子贡、子夏等弟子，毕竟他们没受过"理学"熏陶，不习惯在尽是抽象的概念世界中思辨天理。他们习惯的是，怎么做好实实在在的事情。他们的老师也如此，只是文王具体做了哪些事，怎么做的，找不到史料。本该写的历史叙事著作《文王之道》，硬是没法写。

此外值得延伸的是，孔子是教书匠祖师爷，他晚年的教育事业太大，是要以文王之道纠正乱世。如果仅从一般教师或普通育人教育的角度理解天道，司马迁有一则成语很合适。这成语是司马迁在写汉代将军李广时用到的。李广"身正"，就是"口不能道辞"，但其去世时，"天下知与不知，皆为尽哀"，司马迁很感动，便以一则成语来评价他，这成语便是"桃李不言，下自成蹊"。①

成语用在教育上，意思便是指没有过多刻意文饰与表演，就是以自己的自然真实的日常做事做人，来教人，这也可以算是孔子所说如天道般的教育吧，而且符合上九贲卦。只是司马迁引这成语时，仅说是"谚曰"，也没有列出谚语具体来自哪里，看来意思好的话，没有史料来源，不是什么大问题。但孔子却卡在这个问题上，子贡等弟子又不放过他。唉，竟把老师逼得去算命了。颜渊在，一定不会怀疑，他会高度认同老师说，文王之道就是天

---

① 司马迁:《史记》，江苏古籍出版社，2002年，第826页。

第五章 大教育家的终极之问　　195

道，然后便去认真学习体会文王之道。故可以想象，孔子最后两年，孤立无援的时候，心里难免会悲伤喃语：颜渊，你在哪啊？要是你在，就好了，就会替我辩护一下。还有文王之道和研习《周易》，也可以让你传下去了。子贡、子夏他们不信，也没事。

结语
高歌一曲辞世

到七十三岁时，孔子仍找不到文王的史料证据，也没力气去找。子夏忙于写想法不一样的毕业论文，甚至创立自己的"耕战"学派。孔子不会叫他。颜渊也不叫，早就定好先让他安心求道，等离世了，把东西都交给他就好。颜渊会一字不改地传下去。但他却提前走了，孔子因此近乎失去半条命。打击太大，一年多，不到两年，孔子也去世了。孔子做了四十几年教师，一直忙到离世之际，而且最重要的事，仍没忙完。所以真希望能继续追寻，教书匠祖师爷八十甚至百岁时的忙碌身影。但人不在了，无法继续，只能回到导语提出的问题，分析解答教书匠祖师爷"一生何求"。

一

做教师的，或做其他行业的，忙到四十本该"不惑"之年，可能都会想，自己正处于什么样的情形，有何收获，到退休或晚年又会是什么样的情形，还有没有追求。像鲁迅1924年初，即四十三岁时，便写了短篇小说《在酒楼上》，其中所叙正是从年轻忙到不惑之年，忙出了什么名堂。当时，鲁迅仍在教育部任副厅级佥事，并在北大、北师大、女师大、中华中学等学校兼职，小说、论文也发表了不少，是个名人。

房子方面，五年前，鲁迅花了近四千大洋在新街口买了套四合院（因为还要安顿两个弟弟及其家属）。虽说积蓄耗干，还向老友许寿裳、齐寿山各借了五百，但到1924年，已不存在经济危机，稿费版税、兼课费从这一年起，明显高于本职佥事薪水。① 即使教育部仍欠薪或月俸三百大洋发不足，也没事。所以各方面，鲁迅都算很成功的中年名人，然而看他写的小说，所表达的却是典型的一般中年男：外表看起来很成功，内心却没有孔子说的不惑，尽是失落、苦闷、迷惘。还有便是单调、重复、可怜，觉得每天所做的都一样，就那几件"无聊的事"，像小时候看到的苍蝇，每天无聊地飞。如鲁迅所叙：

我在少年时，看见蜂子或蝇子停在一个地方，给什么来一吓，即刻飞去了。但是飞了一个小圈子，便又回来停在原地点，便以为这实在可笑，也可怜。可不料现在我自己也飞回来了，不过绕了一点小圈子。②

少年记得，在故乡长到青年时，受时代刺激，想成为革命志

---

① 陈明远：《鲁迅时代何以为生》，陕西人民出版社，2013年，第4页。
② 鲁迅：《在酒楼上》，《小说月报》1924年第5期。

士,还曾和同伴"到城隍庙拔掉神像的胡子,连日议论改革中国的办法,以至于打起来"。然而这种激情,即使鲁迅事后觉得是盲目的,到四十岁时也早被磨光了。只剩去"酒楼上"和昔日同事喝酒瞎聊,问同事年轻时"豫定的事可有一件如意",对同事说自己"现在什么也不知道,连明天怎样,也不知道"。

类似这样的中年,当时非常多,年轻时被革命浪潮洗礼,但不知道革命队伍在哪,更无法得到革命领袖器重与引导,最后只能随社会习惯流入世俗生活。曾有的激情与理想,随之被世俗生活磨得一干二净。即使到中年时,侥幸获得世俗成功,内心依旧觉得没意义,又无法跳出已在其中取得成功的世俗世界,最多偶尔从中抽身,去"酒楼上"吐吐槽。

鲁迅及其身边许多中年人都难逃宿命如此。写完《在酒楼上》两天后,鲁迅又写了《幸福的家庭》,也是讲曾经意气风发的"新青年"到中年时陷入迷惘,不知道还能追求什么有意义的人生。鲁迅写这些小说,其实是在思考自己要不要从教育部辞职,同时希望昔日新青年,敢于正视人到中年时的敷衍、失落与无聊,然后跳出来,努力为推动当时中国社会进步贡献自己的一份力量,尽管他身边许多中年实际跳不出毕业后栖息了二十年的世俗世界。

神奇的人出现了,教书匠祖师爷能说跳就跳。即使五十五岁兼任宰相,也是说辞职就辞职,而且还能吸引一群学生,和他一起为寻求更有意义的人生,流浪十四年。尽管教书匠祖师爷辞去宰相后,只有一辆破车和几包竹简,都是当时成功中年男不要的东西,且不发文凭,连一纸社会公益实践证明书也不发,照样能吸引到学生跟着他,不离不弃。

结语 高歌一曲辞世

辞职，跳出世俗世界后，带领一群学生为追求非凡远大的理想，流浪十四年，能有这种新生活，本身就已足够神奇，是多少人想求却无法拥有的人生。但教书匠祖师爷孔子却神奇拥有了。孔子之所以能拥有，首先正是像鲁迅说的，敢于正视，并能毅然跳出季康子们带给他的无聊世俗世界；其次便是孔子到五十五岁时，仍然有非凡远大的理想。尽管他算自己的天命时，只留意五十岁时能有机会做大官，没有算到五十五岁时，会负气辞去宰相，以及负气出走后，等待他的竟是十四年在外流浪。

同样，孔子的非凡远大理想，或"一生何求"，也是从五十五岁起，总是出乎意料，不断在变化。一会儿想求这个，一会儿想求那个，几乎没停息过。如走到泰山脚下时，听完妇人疾苦，求的是将来如有机会，一定要教导季康子们不要任意加税。五十九岁时，走到晋国黄河边，求的是能像黄河那样，流入更大的世界，而不是老在卫国、曹国这些小地方打转。之后终于有机会去南方大国楚国，求的是能有三年时间，以周公的正道成就天下太平伟业。但这些求，孔子全都没求到，只求到了没求过的十四年流浪，还有几次身陷绝境，尤其在大树下乘凉教课时，大树被桓魋砍了，头颅还在，以及差点活活饿死在陈蔡。

更神奇的是，六十八岁回到鲁国，孔子还要去求，不愿只有国师、国老虚荣。但见孔子先是兑现十四年前的自我承诺，教导季康子们为政正道，别以组建国军为名变相乱加税，又没求到。失败后，想起了可以招研究生，让他们一起研究鲁国保存的那些历史文献，藉此完善诗书礼乐，并以史实优化过于抽象的正道教导。正是在这一主动进行课程及教育改革的过程中，孔子形成了其教师生涯最后阶段的重大追求，并因此从七十一岁起遭遇终极之问。

最后的重大追求与终极问题，均直接缘于无论怎么备课、上课，都教不了季康子和当时祸乱天下的乱臣贼子。这同样是只有教书匠祖师爷才有的很神奇的"一生何求"，哪个老师会在退休十多年后，还去做堪称比登天都难的大教育？而且去做了后，还检讨自己的教育威力不够，季康子们看了或听了之后，没有感觉，最多卖国老面子，敷衍听一下，听完便拉倒，继续去增税，扩张地盘。此外便是连孔子自己，还有学生们也质疑，他一直做的正道教育，根本不是天下必从的天道教育，所以季康子们不听。

前一种检讨让孔子编了一部《春秋》，后一种质疑让孔子有了终极之问。

编《春秋》，是以孟子说的可以让乱臣贼子恐惧的春秋鲁国及各诸侯国史实，来发明一种威力比诗书礼乐更猛的新课程、新教育。但因接连遭遇致命打击，连神兽也被乱臣贼子打猎寻欢，打死了，孔子没写结语便绝笔了，终止于哀公十四年：

冬，陈宗竖自楚复入于陈，陈人杀之。陈辕买出奔楚。有星孛。饥。[1]

可见，哀公十四年《春秋》突然绝笔，除神兽被杀，诸侯大夫们杀来杀去，孔子还看到了古人视为不祥之兆的星孛——彗星，

---

[1] 杨伯峻：《春秋左传注（修订本）》，中华书局，1990年，第1681页。

且恰好出现饥荒，百姓流离失所。所以，孔子更会觉得编《春秋》无用，不编了。然而孔子仍不想放弃，编《春秋》无用，那就把希望寄托于寻找尧帝发明的那类天下必从之道。

研习《周易》，让孔子找到了文王之道，认为文王之道像尧帝之道，接近天道，但都是他的非凡推测，也是他所拥有的全部史料所能推测出的最佳正道。他看不到更多文献，连证明《周易》不是卜筮之书，而是文王行事与心志遗迹，孔子也拿不出史料。无可奈何之际，孔子想到了卜筮，看看自己从《周易》及文王那发现的正道，是否合乎天意、天道。结果，抽到了"山下有火"。终极之问由此形成，究竟什么样的正道接近天道，是天下必从之道。

二

解答终极之问，是孔子教师生涯的最后之求，并因为缺乏史料，也求不到。史无前例的教书匠祖师爷，晚年自称是"东西南北之人"[1]。这恰好更可以表明，孔子四处流浪奔波，辛苦忙碌了四十多年，都是在为天下太平寻求正道。只是没想到，求到最后，却遭遇了终极难题，并因史料不够，连个学术上的答案都求不到，更不要说能纠正乱世现实，实现一直以来的非凡远大理想，即恢复西周时的天下统一安定。

---

[1] 陈戍国:《礼记校注》，岳麓书社，2004年，第31页。

然而，就是这个一直失败，近似无论求什么都求不到的教书匠祖师爷，却以其一生执着奋斗及其整理的《诗》《书》《礼》《乐》和没有结语的《春秋》，让中国教育乃至整个中国历史无论发生何种演变，都会有一条正道前进方向，如北斗星一般始终在那里存在。或者也可以说，因为曾有教书匠祖师爷出来，在没有课题立项的情况下，仍去梳理夏商周以来的历史文献，开拓正道，中国教育与历史从此变成了一匹识途老马，无论跑到哪，都会记得路。连季桓子这样的把马牵去撒野乱来的卿大夫，到晚年了也知道后悔，昔日不该不听孔子教导，还叮嘱季康子一定把马牵回到正道上来。不过他们父子听不听，没多大关系，因为《诗》《书》《礼》《乐》和《春秋》都传了下去，变成中国教育与历史的文化基因了。

传下去，是孔子弟子们主动干的。教书匠祖师爷忙了一辈子，能有这收获算可以吧。学生竟把他没编完的《春秋》，对《诗》《书》《礼》《乐》等当时贵族教材进行二度加工编的教本，都整理起来传了下去。还有，学生把平时及教学中从老师那听到什么、看到什么，也搜集起来，编了部《论语》。对孔子而言，他可能不在乎这些，也没叫学生去宣传，但对汉代以来想做教师的人来说，小学规定必须读《论语》和曾子的《孝经》，大学读《诗》《书》《礼》《乐》任一种。从此这些东西就是行业饭碗了，而且受朝廷重视。到北宋，朝廷更曾认为，半部《论语》便可治天下，所以教师行业地位更稳固，多少人都可以通过读《论语》去做教师。

尽管从史料看，唐代起，教育行业规模扩大后，便会混进

"太冬烘"的教官①，从此有了"冬烘先生"这一类教师，意思是连基本的文化知识都没有，也来滥竽充数做教师。这样的人都能混进教师队伍，更应感谢千年前教书匠祖师爷辛苦一辈子打拼下来的教师行业。只不过，孔子不会想到自己的辛苦忙碌，百年后竟让许多人有了饭碗。他不会把这一点作为自己的收获。

  学生们，尤其子贡、子夏很聪明，知道老师的东西可以做成大事业，他们也善于运作让社会认可。老师离世后，子夏去了魏国办学，魏文侯也是其学生，可见其运作能力，尽管运作结果是把老师的正道改成了老师能想到但不认可的"耕战"。但子夏的运作还比不上子贡。子贡是要把老师圣人化。到处宣传老师的学问最好，别人不知道的，他都知道。如说，吴国猛攻越国，连会稽山都想挖平，结果挖出一节巨大的骨头，装满了一辆车，"节专车"。吴国不知道是什么骨头，便派使者押着专车，千里迢迢来到鲁国向孔子请教，怎么会有这么大的骨头，"敢问骨何为大？"孔子说，这是以前大禹"致群神于会稽之山，防风氏后至，禹杀而戮之，其骨节专车，此为大矣"②。吴国使者再看自己押来的车，原来是上古神仙之骨，难怪一节就能装满一辆车，满意而归，孔子的确是圣人。子贡如果懂今天的恐龙化石知识，肯定能把孔子吹得更神。他还说孔子流浪陈国时，鲁国发生火灾，孔子一算，便准确说出是哪座庙起火。子贡就这样，能言善道，圣化孔子，从而无论外交还是办学，都可以积累信任资本。但却令老师很恼火，

---

  ① 王定保：《唐摭言》，三秦出版社，2011年，第120页。
  ② 汪济民等：《国语译注》，百花洲文艺出版社，2002年，第124页。

曾专门批评纠正他，说自己只是好学，信而好古，学一点是一点，根本不是无所不知的圣人。

  圣人，孔子知道自己不够格。其他如打造"学派""名师"之类的虚名或荣誉，孔子更不在意。他如果要这些，让子贡去运作，就好了。但孔子不需要，故会阻止子贡运作。孔子对子贡说：你硬要去造，就用八个干巴巴没人感兴趣的字——"学而不厌，诲人不倦"[①]。

  还可以加上，没学好，没诲好。无需多说，就工作而言，教书匠祖师爷更在意的是看书、备课、上课，以及日常身教。

  值得多说一点的是了解学生和师生感情。孔子是个重感情的教师。师生感情好，亲密无间，学生各种类型都有，也让孔子收获许多乐趣。前面已提到，陈蔡之厄，都要饿死了，子张还问老师怎么吃得开。老师笑完真是傻人，一根筋，便耐心教导以德服人才吃得开，子张还把老师的话记在腰带上。你说老师有多开心。

  晚年德高望重，乐趣也多，尤其刚进来不久的小学生，老师做什么，都模仿学习。如孔子姐姐家办丧事期间，有一次，孔子和学生站在门口，他"拱手时将右手放在上面，几个弟子也跟着这样"。孔子说"诸位太爱好学习了，我是因为姐姐有丧事的缘故啊"。于是，弟子们马上改为"把左手放上面"。[②]同学之间感情好，也让孔子欣慰。哪怕他们在一起打牌，增进感情，也让孔子高兴，

[①] 杨伯峻：《论语译注》，中华书局，1980年，第66页。
[②] 俞仁良：《礼记通译》，上海辞书出版社，2010年，第48页。

比饱食终日躺平好。故他一旦看到无所事事的学生,什么喜欢的事情也没有,便会叫学生去打牌。

饱食终日,无所用心,难矣哉!不有博奕者乎?为之,犹贤乎已。①

打打牌,也比什么都不做好。孔子就是引导学生做各种事,不仅仅是读书。当然他更看重的是引导学生围绕学业相互促进,形成深厚感情。像子路将要离开鲁国时,跟颜渊说:你送我点什么礼物吧。颜渊说:老师教过,离开祖国应该去祭拜父母,祖国是父母之邦,不能忘掉。②这样的话,让子路佩服,与颜渊的感情也会更好。老师知道,也高兴。

还有一次,孔子祭拜完父母回来,下起了暴雨。弟子们担心老师父母葬于防地的坟墓会被冲塌,便跑去加固。回来后,孔子问他们:下这么大雨去干吗了?弟子说:防地的坟墓塌了,去加固坟墓了。弟子连说了三次,孔子也没反应,那一刻,孔子可能想起十六七岁时,自己无论如何,都要把母亲与父亲合葬,所以等回过神来,便老泪纵横,"泫然而流涕"③。动了真情,教书匠祖师爷便会哭。尤其晚年,更是如此。

师生与同学之间的感情故事有许多,虽然都是片段,持续时间不长,每次几分钟,甚至一分钟不到,就没有了。但这些片段,

---

① 俞仁良:《礼记通译》,上海辞书出版社,2010年,第189页。
② 同上,第83—84页。
③ 王国轩等:《孔子家语》,中华书局,2016年,第354页。

随便挑一个,都可以让总觉得失败的老师感到满意与欣慰。尽管学业尤其正道理解方面,多数学生都不听老师的,但不会影响师生之间的父子感情。老师也好,学生也好,都知道,儿子有不一样的想法,不听父亲的,很正常。

除了师生和同学之间的感情,教书匠祖师爷最在意的,便是自己究竟做了什么教育,做得是不是够好,满不满意。结果如之前章节所述,教书匠祖师爷对自己的教育并不满意,尤其最后两年,两部书都没编好。原因还不是季康子们乃至弟子们都不听从,而是自己缺乏史料证据,无法以文王的行事,证明自己从《周易》里发现的文王之道接近天道,就是天下必从的人间正道。

三

最后两年,孔子就指望编修《春秋》和研习《周易》,能让自己在世界上留下点声音。后世知也好,罪也罢,都是他的声音,不至于什么也没留下,白活一世。但因为史料找不到,孔子晚年最看重的著述,都没能如愿完成。后世,有的学者甚至认为,那些《周易》导读,不是孔子写的。似乎连其中的天大抽象道理,孔子也没有能力想出来。唉,难怪鲁迅会骂一些人除了考据癖,什么好点的东西都不知道,甚至要毁掉,认为不存在,比如孔子写《周易》导读。

考据者还找了证据,即子贡曾说,"夫子之言性与天道,不可得而闻也"①。这句话，是可理解为没听到过孔子讲天道，但并不能说孔子没有研究过天道，且子贡也知道老师研究天道，但因为老师史料证据不够，所以子贡其实是无法从孔子那里听到能让他相信的天道，孔子拿不出史实来证明文王之道接近天道。

　　问题就是出在孔子只会以历史文献或史学方式研究天道。如果换成爱因斯坦，他会怎么研究天道呢？爱因斯坦当然是以现代物理学的概念与工具，探究宇宙或自然世界的结构。但他以现代物理学的方式研究天道，目的其实和孔子追求天下太平很相似，也是为了揭示"世界的内在和谐"。爱因斯坦甚至说，"如果不相信我们世界的内在和谐性，那就不会有任何科学。这种信念是，并且永远是一切科学创造的根本动机"。②而且正如孔子时代的学者会从历史文献提炼其他天道，爱因斯坦时代，德国、日本和美国也有许多物理学家不是为追求世界和谐，而是如爱因斯坦1931年所言，他们按照不义政客、军火商和财阀的意思，使科学成为"人们相互毒害和相互仇杀的手段"，或"使人成为机器的奴隶；人们绝大部分是一天到晚厌倦地工作着，他们在劳动中毫无乐趣，而且经常提心吊胆，惟恐失去他们一点点可怜的收入"，以至于爱因斯坦不得不出来，以类似孔子的立场，疾呼"要使科学造福于人类，而不是成为祸害"。③所以，即使孔子能以现代科学方式，或能找到足够的史料，最终所证明的天道仍是为实现天下太平，

---

① 杨伯峻：《论语译注》，中华书局，1980年，第46页。
② 艾·爱因斯坦、利·英费尔德：《物理学的进化》，周肇威译，湖南教育出版社，1999年，第206—207页。
③ 爱因斯坦：《爱因斯坦文集（第三卷）》，许良英等编译，商务印书馆，1979年，第73页。

即恢复西周时的天下统一与安定。进而言之，学术层面的证明技术问题，其实孔子不必太较真，但他偏偏较真了。对此或许只能这样理解，孔子心目中的西周文王及周公时期的世界，确实如风调雨顺般太美好了，比任何世界都好，所以他非常渴望自己能找到足够的史料，先将它证明和描绘出来，然后春秋世人方可能知道更好的道路在哪。

再进而言之，孔子的终极之问，其实有解答，就是证明描绘不出来。终极之问随之成为终极难题，即怎样找到足够的史料，将西周时美好的天下统一与安定证明描绘出来。教书匠祖师爷最后两年遭遇的这一终极难题，至今仍没有解决好。就像爱因斯坦追求的世界和谐，物理学家至今同样没有抵达。

就是因为证明描绘不出来，让孔子最后无法对自己的教师生涯表示满意，乃至悲伤起来会以"吾道不行"来概括自己，认为自己一生的教育努力是以失败收尾。唉，教书匠祖师爷对自己未免太苛责，光努力育人还不够，还要想尽办法改造乱世，到七十三岁，生涯最后一年了，依然想为春秋乱世贡献最好的教育，把春秋乱世引向他研究历史文献体会出的天赐正道，然后让所有人都能远离乱世祸乱乃至战争，活在和谐优美动人的礼乐世界里。

一面是古，是文王、周公；一面是今，是春秋乱世。教书匠祖师爷苛责自己，认为自己一生失败的另一个原因正是春秋乱世现实。孔子和乱世现实战斗了一辈子，乱世现实一直不听从他的正道教导。乱世现实的大走势是战争，所以顺之的杰出者，可以成就大业。包括孔子的弟子子夏，便是顺势而为。

文王之道是不是天道，怎么找史料证明呈现，子夏不感兴趣，他感兴趣的是怎么发明新法，使诸侯强大起来，能在已经开启的"战国"大历史进程中取胜，故转向"耕战"。魏文侯、李悝、吴起等弟子认可子夏的耕战新法教导。他们都是钱穆所说的孔子弟子一脉衍生出来的杰出"法家"。钱穆甚至提醒，提到法家时，不能仅是夸赞商鞅，忽视法家"实源于儒者"，乃至缘于"孔子正名复礼之精神"。① 这句提醒很抽象，但商鞅是李悝弟子，李悝师承子夏，确是事实。

法家有儒家学缘，所以道行高的，能把仁义之道和军纪、战车、长矛、奖励一起作为战争武器，而非仅有冷酷的军纪、战车、长矛与奖励。这方面，吴起的造诣与行动堪称最杰出。仁义就是为将者把士兵当兄弟看，形成患难与共的兄弟情义，可以使士兵战死也心甘情愿。如司马迁所叙：

起之为将，与士卒最下者同衣食。卧不设席，行不骑乘，亲裹赢粮，与士卒分劳苦。卒有病疽者，起为吮之。②

吴起作为将军，何止与最下层士兵穿一样的衣服，吃一样的饭菜，士兵生疮，他也可以为之吮去毒液。如此，士兵必为之战死报答。难怪有的母亲听到儿子生疮，吴起为其儿子吮了毒液，便跑到营前大哭，要儿子回家去。守营人问：为什么？吴将军为你儿子吮毒，多好啊！这位母亲答道：是啊，就因为吴将军太好

---

① 钱穆：《先秦诸子系年》，商务印书馆，2001年，第264页。
② 司马迁：《史记》，江苏古籍出版社，2002年，第518页。

了，所以不能当兵了。"往年吴公吮其父，其父战不旋踵，遂死于敌。吴公今又吮其子，妾不知其死所矣。是以哭之。"妇人的意思是，丈夫已被吮死了，现在儿子又被吮，岂不也要战死报恩？

随时可以为大义赴汤蹈火、万死不辞的墨家弟子，大概也是被吴起式的仁义教育感染出来的。他们都讲仁义，和孔子一样，但孔子行仁义时，还强调礼仪尊卑。当然，这是无关痛痒的理论辨析，实际很可能就是孔子性格问题，拉不下面子，觉得难为情，心里仁义，想去为士兵吮吸毒液，但做不出。换作子路做将军，也能和吴起一样。可惜了子路，做来做去都是家臣，所效力的主人孔圉、孔悝父子，论心志与才能，均比吴起差十万八千里，子路也要仁义忠心待之。

墨家、吴起、子路、孔子等各方，均认可仁义。那些不读诗书的乱臣贼子，则起码还会痛恨不仁不义。仁义，实际就是孔子时代的人所能想到的最高天道与天理。要到清末起，谭嗣同、孙中山等登台担责，才可以超越兄弟患难之交的传统仁义之道，依靠现代政治革命理想，结成为"救国"生死与共的"同志"关系。且他们是以自己的革命行动，向世人证明呈现自己的现代政治革命信仰。孔子呢，七十多岁了，人也病了，不可能在春秋乱世直接以自己的除暴安良行动，证明呈现文王之道，他只有查找历史文献来证明呈现。

查又查不到。与此同时，孔子也还没有学会像庄子那样，以寓言讲故事的方式来证明呈现道理。庄子还编过这样的故事，说什么孔子后来认为诗书礼乐救不了乱世，觉得还是庄子的"心斋"好，可以直接去除杂念，不用费力去查那些找不到的历史文献，

结语　高歌一曲辞世

所以孔子改教颜渊学"心斋"。① 寓言之后，又先后演变出志怪、小说、评书、电影等新方式、新技术。即如评书，多少人都是靠儿时听评书，知道了岳飞、杨家将等英雄，以及听母亲话、仁义做人、精忠报国等天道、天理。人无完人，教书匠祖师爷同样如此，不是圣人。他只会甚至只能想到，去查找上古历史文献，把它整理出来。

加上教书匠祖师爷曾对外宣布过："我非生而知之者，好古，敏以求之者也。"② 即使马上就能学会寓言，也不好改了。结果导致：尽管教书匠祖师爷一生其实很执着，很成功，为天下太平做了许多大教育，然而他自己到最后却认为，四十多年的教师生涯是失败的，预定的求，一个也没有求到，到头来，还是只能眼睁睁看着，春秋末期乱世迅速转入战国时代，诸侯大夫们，个个都围绕追求土地、财富、权力，展开更激烈的你死我活式内卷。然后感慨一声，什么时候内卷目标能变成文王之道，拼谁更像文王，哪怕比谁更像他许久没有梦到的周公，也好啊。

不过，自认失败的教书匠祖师爷应该不会方寸大乱。他的《春秋》尽管没有结语，但敏锐者能发现，其中的诸多微言其实有"大一统"之大义，是为《春秋》大义，甚至可能是孔子研习《周易》算出来的历史预言。既如此，诸侯大夫和乱臣贼子们，去争吧，去打吧，打到最后，便会回到大一统，包括大一统于正道，战争不是正道。这也是孔子的以待来世，来世有人能懂《春秋》

---

① 王先谦：《庄子》，上海古籍出版社，2009年，第37页。
② 杨伯峻：《论语译注》，中华书局，1980年，第72页。

里说的必然大一统，世道不可能是彼此分裂与战争。所以即使到最后认为自己一生努力以失败收尾，孔子也可以"哀而不伤"，像"诗三百"里的失恋少年，大哭一场便了事。晚年孔子，同样如此。失败，悲痛，哭完就好，以待来世。

四

越是以待来世的背后，是孔子知道自己时日不多了，已到教师生涯最后一段时光。先是病情加重，弟子们以为不行了。子路得知消息后，连忙从卫国赶回，并趁老师整日躺在病床上，看不到，把大家召集起来排演丧礼。子路知道，老师很重视丧礼，丝毫不能有错。子路记得，他姐姐去世后，到了可以除服之日，他仍不除服，结果被老师问："何不除也？"子路说：我姐只有我一个兄弟，我不忍心早除服。老师马上告诫他：你不知道先王制礼"行道之人皆弗忍"。圣人之所以定好什么时候除服，就是为了要人节哀，控制感情。"子路闻之，遂除之。"[①] 所以必须提前准备好，不能出一点差错。子路想，老师是大夫，应按大夫礼制，让老师更风光点。随之叫师弟们排练，还安排了人扮"家臣"磕头，很符合大夫丧礼。没想到，老师病情好转，可以下地走动了。老师下地后，第一件事就是骂子路：

---

① 陈戍国：《礼记校注》，岳麓书社，2004 年，第 37 页。

久矣哉，由之行诈也！无臣而为有臣，吾谁欺？欺天乎！……且予纵不得大葬，予死于道路乎？①

　　也只有情同父子，子路才会以大夫礼制大葬老师，不能让外人看了笑话——做过宰相的人，怎么只办成了"士"？同样，也只有把子路当作儿子，孔子才可以骂子路老是乱来，竟糊弄人。他只有大夫虚名，并没有家臣，这不是故意欺骗老天吗？最后两年，对天意极其敏感的孔子，气得甚至说：没有风光葬礼，难道会死在路上不得善终？子路没有顶嘴，已经把老师气得够呛了。

　　风波结束，孔子又可以到路上走走看看了。没事做，身体也做不了事的时候，孔子可能又会想，找不到史料啊，只能以待来世了。就待来世而言，孔子所想倒没落空，他在来世三百年内，便等到了孟子、董仲舒等人，且都和他一样，是"大儒"、大教育家，一面仁道育人，一面纠正乱世。他们证明天道的方式也增加了些，不再仅是孔子的查找文王文献，但查不到。像孟子的新方式，很简单，引入"禽兽"视角。他对诸侯大夫和自己的学生说：你们若不仁不义，没有恻隐之心，便是连禽兽都不如。

　　董仲舒水平更厉害，不仅懂仁道即天道，还读出了《春秋》里的微言大义，即必须"大一统"，尤其必须大一统于孔子说的仁义天道。其论证彰显天道的方式也复杂，引用了阴阳五行、天人感应、天意、灾异、天谴等当时的尖端技术，还说这些都是《春秋》里有的，藉此增强孔子仁义之道的大一统威力，让汉武帝及

---

① 杨伯峻：《论语译注》，中华书局，1980年，第90页。

地方刘姓藩王不敢乱来，形成敬畏心，明白一旦乱来，老天便会动怒，降下灾异予以警告。如此，大教育家如董仲舒者，还得学会如何洞悉天意。

史书写得很神奇，董仲舒依靠灾异、阴阳五行、天人感应等当时的尖端技术，居然能成功"求雨"，求来之后还能让雨停，即班固所谓：

> 仲舒治国，以春秋灾异之变推阴阳所以错行。故求雨，闭诸阳，纵诸阴，其止雨反是。行之一国，未尝不得所欲。[1]

国，即指刘姓藩王的地方封地。《春秋》班的同学公孙弘和董仲舒一起参加汉武帝策问考试，均考中，他知道自己水平不如董仲舒，便奏请把董仲舒派去教导桀骜不驯的地方藩王。公孙弘没想到，董仲舒除了大一统阐发水平高于他，还会阴阳五行等尖端技术，所以到地方后，藩王便被他收拾得服服帖帖，怕董仲舒求雨淹了他的宫殿，不敢乱来。但求雨总有不灵的时候，后来董仲舒便因失灵退出历史舞台。不过，求雨的习俗还被后来的好官、大教育家保留，如苏轼便为消除百姓大旱之苦，求过雨。

阴阳冷热原理或许不会有错，就是冷热加工技术还不够发达。董仲舒若独家掌握今日人工降雨技术，便可一直把武帝及地方藩王教导好，让他们一直走正道。大教育家不好当，尤其孔子，只有几堆断残竹简，都是上古文献，更不好当。即使整理出来了，

---

[1] 班固：《汉书》，中华书局，1962年，第2524页。

季康子们也看不懂,没有威力。

言归正传,孔子来世不缺继承人。但来世终归是来世,他看不到。他能看到的,就是自己时日不多了。唉,教书匠祖师爷最后一年也真是苦。骂完子路没多久,又一次致命打击便在路上朝他袭来——子路也提前死了。前文也提示过,子路可惜了,形象气质都像张飞,甚至像山东电视台老电视剧里祝延平扮演的武松,却连个出色点的效力对象也没有,只能在卫国为孔悝一家效力,结果因忠义丧命。

过程简单说,老太子和在位的国君儿子发生战争,孔悝一家站国君一边,子路也跟着效力。老太子有晋国军队加持,赢了。子路本不在现场,但他不听高柴劝告,硬是要冲进去救主,寡不敌众,被乱剑砍死。使者告诉孔子惨相,说"子路被剁成肉酱了",悲痛欲绝的孔子连忙"命令将家中的肉酱全部倒掉"。[1] 跑回来的高柴则报告老师,子路临死倒地之前,双手把掉在地上的帽子捡起来,然后扎紧带子,说了句:

君子死而冠不免。[2]

帽子象征君子威而不猛的人格,必须戴好,这是老师初为人师时教的,子路还记得。令孔子心痛的是,老师教过他多少次了:你是个粗人,要学会三思后行。如今到底因为是粗人,命都没了,

---

[1] 俞仁良:《礼记通译》,上海辞书出版社,2010年,第36页。
[2] 司马迁:《史记》,江苏古籍出版社,2002年,第518页。

死在了老师前面。子路啊,老师再想教你,骂你,都没有机会了啊。

多好的粗人弟子,甚至是感情最深的弟子。当年,子路在校门口看孔子教学,帽子也不会戴,弄了个比杀马特还难看的鸡冠头,还说一定要把孔子打一顿。孔子年轻,正好脾气和子路差不多,一听反而决定把他降伏,收来做弟子。之后,孔子便像吴起对待士兵一样,与子路同吃、同住,不让他再到外面流浪,还心疼他连一顶像样的帽子也没人给买。老师不仅给吃、给住,还耐心教他读书、学琴。就这样,二十几年下来,竟也把子路培养成可以去做模范县长、家臣了。

感情方面,则比父子还深。且除了读研,做学问,孔子什么话都可以跟子路讲。尤其失意难过时,跟子路讲一讲,然后看着他的粗人样,嘲一嘲他,就开心了。孔子不会忘记,最难过的一次就是,神兽被杀,《春秋》写不下去了,他跟子路说:

道不行,乘桴浮于海。从我者,其由与。[1]

道行不通了,算了,去找艘船,到海上漂度余生。如果真这样,你们这帮弟子,跟我去的恐怕只有你子路了。老师唉声叹气地讲,一脸悲哀,子路听了却很高兴,"子路闻之喜"。

为什么?因为"道不行,乘桴浮于海",内涵太复杂,子路听了也白听;但老师说的后面一句,子路一听就懂,且和他想的一

---

[1] 杨伯峻:《论语译注》,中华书局,1980年,第90页。

结语 高歌一曲辞世

样,所以很高兴。悲哀的老师抬头,看着子路傻乎乎的高兴样子,也跟着笑了,到底是粗人,话只能听懂一半。于是又嘲他:子路啊,你就是比我勇敢,但没脑子,是个粗人,我会去海上吗?连船都搞不到啊。

唯一赤子般的粗人弟子,数十年师徒情深胜过父子,从此都被夺走了。难怪释迦牟尼教人超度世间一切情缘,因为其所能引发的生离死别,实在让人痛不欲生。包括孔子与颜渊这样的师生情缘,也是如此。现在,又轮到子路走在老师前面,大概也只有教书匠祖师爷,能扛得住接连不断的致命打击了。

只是博大心力扛住悲痛之余,苍老的躯体却承受不了了。可能也就一个月的时间,为天下太平奔波了一辈子的教书匠祖师爷,终于只剩为自己考虑考虑了,而且虽然病又加重了,但还能拄着拐杖出去走走,最后看看他曾在其上奔波数十年的天地山川,尽是留恋不已。

留恋完天地山川,孔子或许也会和我们一样想,他一辈子下来,到底喜欢什么,忙忙碌碌,究竟在追求什么。外界有说他,好为人师,跟他不相干的也要去教育。真是这样?时间久了,当初怎么想的,他自己也搞不清楚了,只觉得所遇春秋末期的天下这么乱,知其不可而为之吧。他喜欢学习,是的,这一点,他自己说过很多次,甚至说自己除了好学,没其他本事。可学了之后呢,最后却给他带来比登天还难的难题。教书匠祖师爷又要想起家里那几堆竹简,然后再次心里嘀咕叹息,唉,太少了,远远不够啊,连写一部《文王之道》,都写不出来。这也是命,说是热爱学习,也学了一辈子历史文献,就学了这么个结果。

那他自己到底喜欢什么，又能追求到什么呢？想来想去，只有音乐。只有喜欢音乐，他从未改变过。而且不像纠正乱世，证明呈现文王之道，努力了一辈子也求不到，音乐对于他而言，最容易求到，张口就来。韶乐一类的古典乐，不用说，包括民间流行音乐，只要优美动人，孔子一样喜欢，还和学生一起学唱。孔子编第一本入门课本"诗三百"时，首先选的就是民间流行音乐。第一章也提到，他选了一首写失恋少男的情歌《泽陂》，痛苦到涕泗滂沱，也没有因此乱来，而是把悲伤留给自己，然后振作起来，令人同情欣赏。

　　到北宋，流行音乐与情歌更发达。还出现了专业歌手与填词人，如柳永，作的歌非常受学生喜欢，但理学家却骂人家，还不准学生听。真不知道学孔子，怎会学出这种结果？今天的流行音乐与情歌比北宋时还发达，好歌更是数不胜数。如张国荣的《最爱》："恨事遗留始终不朽／千金一笑潇洒依旧／对对错错千般恩怨／像湖水吹皱"；林忆莲的《伤痕》："夜已深／还有什么人／让你这样醒着数伤痕"；辛晓琪的《领悟》："多么痛的领悟／你曾是我的全部"；等等。孔子若能看到这些，一定会觉得，和他选的那首《泽陂》一样，都是千古优美善良人情，然后全部收进新编的"诗三百"。

　　包括刀郎网上搞的演唱会，孔子看到，也会跟学生说去听听，这么好的音乐，干吗不听。可惜，春秋末期没足球，不然孔子倒可以劝各诸侯大夫以足球代替战争，然后子贡牵头搞各级联赛，这样天下也能太平许多。但没有，只有音乐。总之，孔子作为教书匠祖师爷，从年轻到年老最喜欢也最容易求到的，就是音乐。想好了之后，孔子决定回去休息，养精蓄锐，以便在离世前，还能做好这辈子的最后一件事。

又过了两周，教书匠祖师爷觉得力气养得差不多了。于是一大早便起来，拄着拐杖，高兴地走出门去，再次来看一眼让他留恋的天地山川。旭日升起时，他便开始高歌：

泰山其颓乎！梁木其坏乎！哲人其萎乎！[1]

高歌完，教书匠祖师爷便回到家，坐在门口歇脚。他心里想的，仍是自己马上要离世了。悲痛与留恋仍未散去，他还想继续能为天下太平，努力做大教育，但没有机会了。接着，便因高歌一曲，力气都用完了，带着悲痛与留恋，病倒了。

三个最亲的老弟子，两个都不在了，他越来越依靠剩下的子贡。子贡为鲁国能苟安忙完外交回来，便急忙去看老师。看到子贡赶来了，老师说：子贡啊，你怎么这么晚才来？然后便告诉子贡，他做了个梦，梦见自己是按商朝礼俗离世的。高歌一曲离世之际，教书匠祖师爷还在怪自己，道行作为均不够，努力了一辈子，连接近文王、周公的世界，都做不到。

七天后，教书匠祖师爷辞世而去。辞世前，最后做成的一件事，就是出门，走到无人的旷野，高歌一曲。其一生传奇奋斗与追求足迹，以及对音乐的热爱，可以让人瞬间想起陈百强的那首《一生何求》。因此，不妨以其中的歌词收尾，结束这趟为探寻孔子"一生何求"开启的一段温暖且百感交集的教师生涯旅程。

---

[1] 陈戍国：《礼记校注》，岳麓书社，2004年，第43页。

冷暖哪可休
回头多少个秋
寻遍了却偏失去
未盼却在手
我得到没有
没法解释得失错漏
刚刚听到望到便更改
不知哪里追究
一生何求
常判决放弃与拥有
耗尽我这一生
触不到已跑开
一生何求
迷惘里永远看不透
没料到我所失的
竟已是我的所有

听这首歌时，尤其听到陈百强唱"没料到我所失的／竟已是我的所有"，便可以归纳一句，教书匠祖师爷一生，如夸父追日，最后"没料到"的失去有许多。从教师生涯角度看，最重要的当属：颜渊和子路先后提前离去；编修《春秋》没有结语，研习《周易》，因史料证据不足，也没有结果，最后它们都只是一堆竹简。再有，五十五岁以来，流浪十四年，以及离世前做梦，认为自己终生与文王、周公的世界失之交臂，连接近都不可能。这些，教

结语　高歌一曲辞世　　221

书匠祖师爷同样没有想到。诸如此类"没料到"的失去，便是教书匠祖师爷一生最后的"所有"。有这些所有，教书匠祖师爷也可以坦然离去，尽管难免悲痛与留恋。

最后值得一提的是，教书匠祖师爷辞世后，子贡和其他弟子纷纷为老师守孝三年。三年后，子贡还独自留下，再守墓三年。教书匠祖师爷泉下有知，能够理解，擅长经商又会做官的老弟子子贡独自久留，不忍离去，是不想从此一别，其人生只剩追求荣华富贵。但教书匠祖师爷还是会催老弟子走，去干他该干的事。就是不知道子贡喜不喜欢音乐，水平如何，告别时，有没有为一生最爱音乐的老师高歌一曲。